Jürgen Schilling

PHANTASIE-REISEN

Jürgen Schilling

PHANTASIE-REISEN

– Gezieltes Tagträumen –
Der Weg zur inneren Kraft

Pattloch Verlag

Pattloch Verlag, Augsburg
© Weltbild Verlag GmbH, 1991
Illustration und Gesamtgestaltung: Peter Craemer
Satz: ZERO Typografischer Betrieb, 4130 Moers
Druck und Gesamtherstellung: Appl, Wemding
Printed in Germany
ISBN 3-629-00055-X

INHALTSVERZEICHNIS

Für Michael Barnett, Freund und Lehrer

VORWORT

»Angst essen Seele auf«, so lautete der Titel eines Films, den ich vor langer Zeit einmal gesehen habe. Und genau davon lebt die Furcht in uns: Sie nährt sich von unserer seelischen Energie. Aber nicht nur die Angst, sondern auch Eifersucht und Neid, Gewinnsucht und Besitzgier, Gleichgültigkeit und Haß, und alle anderen Gefühle und Gedanken, deren Negativität so offensichtlich ist, bedrängen unsere Seele.

Es gibt viele Arten, mit negativen Erfahrungen umzugehen, aber zumeist stehen uns nur zwei Möglichkeiten zur Verfügung – wir haben es nicht anders gelernt: entweder Verneinung oder Verdrängung, entweder Wut oder Angst. Aber es gibt andere Mittel und Wege mit den uns bedrängenden Gegebenheiten umzugehen. Einige davon sind Bestandteil dieses Buches. Sie haben mir immer zuverlässig geholfen, und ich versichere Ihnen, Sie können – konsequent angewandt – auch Ihnen Auswege aufzeigen.

Das Buch hat die Form einer Phantasiereise, geht aber deshalb über die herkömmlichen hinaus, weil sie in sich – wie gesagt – noch viele andere Methoden aufzeigt, die Sie selbst in Ihrem Leben erfolgreich anwenden können.

Eigentlich sind Phantasiereisen eine Art inneres Fernsehen, aber mehr als das, denn Ihr »Doppelgänger«, der »Traumkörper« ist beteiligt – und Sie nehmen kraft Ihres Vorstellungsvermögens Einfluß auf das Geschehen. Eine solche Reise beginnt zumeist damit, daß Sie sich entspannt hinlegen und ein »Phantasiereiseleiter« Ihnen hilft, zunächst Ihre Entspannung noch zu vertiefen. Wenn Sie dann ganz entspannt sind, suggeriert er Ihnen Bilder, die Sie unter Zuhilfenahme Ihrer eigenen Phantasien einfärben. Gewissermaßen handelt es sich um eine Art angeleitetes und bewußtes Tagträumen. In Gruppen und bei öffentlichen und privaten Rundfunksendern habe ich mehrfach Phantasiereisen geleitet und weiß daher mit Sicherheit, wie effektiv sie auch für diejenigen sind, die noch nie zuvor solch eine Reise unternommen haben.

Katathymes Bilderleben – der wissenschaftliche Ausdruck – ist nicht nur etwas für Menschen, die auf der Suche, auf dem Weg der Selbstverwirklichung sind, sondern sie findet auf allerlei Gebieten Anwendung: sowjetische und

[handschriftliche Notiz am Rand: eigene Phantasie]

amerikanische Astronauten zum Beispiel nutzen die gleiche Methode, die sowohl der stärkste Mann der Welt anwendet wie eine ganze Menge Tennisstars. Im Zustand tiefster Entspannung werden innere Bilder, geistige Vorstellungen und positive Bewußtseinsinhalte durch wiederholtes Üben im Gehirn festgeschrieben, und der Körper erbringt schließlich die gewünschte Leistung. »Schöne Gedanken – schöne Volleys« stellte Deutschlands größtes Nachrichtenmagazin plakativ fest.

Die Phantasiereise, wie ich sie in diesem Buch nutze, führt Sie durch den Garten Ihrer Seele und eröffnet Ihnen die Möglichkeit, bisher unbewußten Teilen Ihres Selbst symbolisch zu begegnen. Diese Begegnung kann helfen Störendes zu heilen, indem man es in seiner Symbolgestalt kennenlernt und es annehmen und verarbeiten kann: Heilsames wird bewußt. Sie entdecken Schönheit und innere Kraft, die Ihnen – nun da sie bewußt geworden sind – auch in Ihrem Alltag weiterhelfen können.

Machen Sie sich keine Sorgen, wenn Sie meinen, nicht über genügend Vorstellungskraft zu verfügen. Wenn Menschen mir sagen: »Das kann ich mir nicht vorstellen« oder: »Ich kann mir das nicht vors geistige Auge holen«, empfehle ich ihnen einfach, sich vorzustellen, wie es wäre, wenn sie es sich vorstellen könnten. Was hier wie ein einfacher Trick klingt, hat bisher immer funktioniert. Wenn es Ihnen so geht, versuchen Sie es doch einfach und lassen Sie sich nicht entmutigen, wenn nicht alles sofort genauso klappt, wie Sie es sich vorgestellt haben . . . Oder, noch einfacher – lesen Sie einfach meine Reise und am Ende werden Sie sehen: Sie haben eine Vorstellung vom Fuchs, dem Drachen und all den anderen Wesen.

Das vorliegende Buch beschreibt praktische Anleitungen (im Anhang werden sie noch einmal für die alltägliche Praxis beschrieben) und schickt eine kurze Phantasiereise vorweg, die Sie auf die von mir geschilderte Reise in das Reich der Seele vorbereitet und einstimmt – sie ist mit Absicht recht allgemein gehalten, so daß Sie sie ganz mit den Farben der eigenen Phantasie ausmalen können. Danach freue ich mich, Sie teilhaben zu lassen an meiner Reise; diese ist natürlich eingefärbt durch das Spektrum meiner Sichtweise und durch eigene Erfahrungen, kann aber dennoch auch Ihre Reise sein, denn *das Reich der Seele teilen wir alle gemeinsam.*

Unser aller Seelen leben gleichzeitig in beiden Bereichen, in jenem, den wir Phantasie oder Traum bzw. das Unbewußte und in jenem, den wir Alltag oder

Realität nennen. Und in beiden Bereichen gibt es Privates, individuell Subjektives und Allgemeingültiges, Objektives. Daher kann dieses Buch auch Ihre ganz eigene Reise sein.

Sie dürfen im vorliegenden Buch von mir erwarten, daß ich die Reise, die Sie gemeinsam mit mir unternehmen werden, so ehrlich, wie mir derzeit irgend möglich ist, schildere. Und es werden sich Ihnen Möglichkeiten zeigen, wie Sie selbst Ihre Lebensreise gestalten können. In diesem Sinne ist dieses Buch auch als Handbuch zu verstehen.

Egal, in welchem Land wir das Licht der Welt erblicken, wir sind erst einmal da und wissen nicht, weshalb und warum.

Diese Welt zeigt sich bereits bei Geburt nicht von ihrer schönsten Seite. Auch wenn die Geburt eines Kindes Grund zur Freude ist, zunächst einmal ist sie für die unmittelbar Beteiligten – Mutter und Baby – mit einer Katastrophe vergleichbar. Egal, welcher Überzeugung sie ist und woran sie glaubt, für die Mutter sind die Wehen Quelle großen Schmerzes. Und für das Baby ist das In die Welt-hinausgepreßt-werden wie ein Gang durchs Fegefeuer – jeder, der durch Imagination, Therapie oder Traum die Geburtserfahrung wiedererlebt hat, wird das bestätigen.

Und es scheint auch danach kein Ende zu nehmen: Unsere Entwicklung wird geprägt von Fallen und Aufstehen, von Verletzungen und anderen schmerzlichen Erfahrungen an Körper, Geist und Seele. Ich bin kein Pessimist oder Fatalist, komme aber trotzdem nicht umhin festzustellen, daß praktisch alle Menschen, die ich bisher getroffen habe, die meiste Lebenszeit damit verbringen, *nicht* glücklich zu sein: Der graue Alltag überwiegt ganz massiv. Wenn ich hinschaue und die Situation nicht beschönige, sondern sie ganz nüchtern betrachte, würde ich sagen, 10 % der gelebten Zeit sieht man im Schnitt mehr oder weniger schwarz, 80 % der Zeit scheint einem ziemlich grau zu sein (beziehungsweise, man nimmt sein Leben eigentlich überhaupt nicht richtig wahr). Da bleiben sage und schreibe höchstens 10 % für kleinere oder größere Freuden, von denen man wiederum höchstens 10 % wirklich *glücklich* nennen kann. Kurz: Von den 8760 Stunden, die das Jahr reich ist, verbringt man 87 Stunden relativ freudig und, wenn es hoch kommt, 9 Stunden wahrhaft glücklich – und das in einem ganzen Jahr!

Diese Welt ist also kein Paradies, sie ist ein Tal der Tränen – so sieht es zumindest aus: Leben heißt leiden, ab und zu durchwirkt von einigen wenigen glücklichen Momenten, die dieses allgemeine Unwohlsein genaugenommen nur noch stärker spürbar machen.

Natürlich bietet unsere Gesellschaft im relativ reichen Westen abertausende

Vergnügungen, die dem scheinbar widersprechen: Rundfunk, Fernsehen, Kino usw., die gesamte Amusementbranche lebt davon, den grauen Alltag (7008 Stunden nach obiger Berechnung) bunter zu gestalten. Aber letztlich kann auch grellbunt angemaltes Grau nicht darüber hinwegtäuschen, was wir alle bereits im tiefsten Inneren wissen: *Jeder einzelne Mensch ist – ungeachtet der Umstände: ob reich oder arm, ja, ich meine sogar, gesund oder krank – scheinbar dazu verurteilt, meistenteils zu leiden.*

Wer allerdings lernt, sich immer wieder der ungeschminkten, unbeschönigten Wahrheit seines Lebens zu stellen, macht eine unerwartete Entdeckung und erlebt am eigenen Leib: *Es führt ein Weg aus diesem Leid heraus.*

Diesen Weg stets aufs neue zu finden und ihn dann auch tatsächlich und praktisch zu gehen, das ist die große Herausforderung, die große Prüfung, die meiner Ansicht nach jeder einzelne zu bestehen hat.

Ich habe geweint, ich habe gelacht. Aber erst nachdem mein Herz durch und durch gebrochen war, konnte ich die mir innewohnende Liebe entdecken, eine Liebe, die weit über Personen hinausgeht. Zuerst mußte ich jedoch die Menschen loslassen, die ich von ganzem Herzen liebte; ich mußte erst ohne Wenn und Aber *ja* zu meinem gebrochenen Herzen sagen, den Schmerz in seiner vollen Größe annehmen.

Es mag verrückt klingen, aber es war für mich der größte Segen, mehrmals diese persönliche Katastrophe erleben zu dürfen: Ja zu sagen zur Niederlage, ja zu sagen zum Verlust einer geliebten Person, *ohne ein Drama daraus zu machen*, ohne mich zu beklagen oder selbst zu bemitleiden.

Und dann erst offenbarte sich mir eine Liebe, von der ich bisweilen gehört hatte, unter der ich mir jedoch nie wirklich etwas vorstellen konnte: Liebe zum Dasein – jene Liebe, die ohne Ansehen der Person und Situation über Gut und Böse erstrahlt, eine Liebe, die, wie die Schwerkraft das Universum, alles, was lebt, zusammenhält.

So, wie ich das gegenwärtig Gegebene nicht liebe, scheint mir der Weg, den ich gehe, oft unendlich lang und dornig zu sein. Aber wenn ich mich ganz auf die gegenwärtige Situation beziehe, mich ihr von ganzem Herzen aussetze, ohne Wenn und Aber, ohne Kommentar, wie nahe ist mir dann das Paradies.

»Wenn euer Sinn einfältig ist, ist euer ganzer Leib voller Licht«, sagte Jesus.

»*Diese* Welt ist das Lotos-Paradies und *dieser* Körper der Buddha-Leib«, heißt es in einem indischen Sutra.

Wie kommt es dann aber, daß ich mich immer wieder so weit von dieser Wahrheit entferne? Weshalb verflüchtigt sich die heitere Gelassenheit, die mich dennoch immer wieder durchflutet? Welcher Drache vertreibt mich immer wieder, Tag für Tag, aus dem Paradies?

Ich meine, stets aufs neue Antwort auf diese Fragen zu finden: Die Antworten und die Reise in das Reich, in dem sie auch zu finden sind, die Umwege, Fallen auf dem eingeschlagenen Pfad, Visionen und Mittel und Wege, die ich selbst erforscht und angewendet habe – und mit mir viele andere – sind Inhalt dieses Buches.

Ein kurzer Besuch
im persönlichen Paradies

Phantasiereisen sind Reisen in das Reich der Seele, zu den inneren Bildern. Wie alle anderen Reisen, will auch diese vorbereitet sein.

Am einfachsten haben Sie es, wenn Sie über ein Tonbandgerät und Mikrofon verfügen. Sie sprechen die folgende Entspannungsübung und Reiseanleitung einfach auf Kassette, machen es sich anschließend so bequem wie möglich und hören sich zu.

Sprechen Sie langsam und ruhig; die Pünktchen deuten an, wie Sie in etwa zwischen den einzelnen Sätzen und Halbsätzen pausieren sollten; weitere Anweisungen stehen zwischen Klammern.

Falls Sie keine Kassette besprechen möchten, prägen Sie sich beide Anleitungen ein und führen Sie sich anschließend selbst. Diese Vorgehensweise ist natürlich ein wenig schwieriger, aber durchaus möglich, denn die Entspannungsübung baut sich logisch auf: Sie entspannen sich von unten nach oben, von Fuß bis Kopf – wenn es Ihnen allerdings besser gefällt, können Sie es durchaus umgekehrt machen. Und auch die eigentliche Reise läßt sich relativ einfach einprägen. Machen Sie erst »Trockenübungen«, indem Sie sich den Text laut vorlesen, und zwar so oft, bis er sich Ihnen eingeprägt hat.

Wie Sie auch vorgehen mögen, erinnern Sie sich immer daran: Sie machen es zu Ihrem Vergnügen und können sich alle Zeit der Welt lassen und jede Freiheit nehmen, die Sie sich wünschen!

Und nun: Klingel und Telefon abgestellt, Ihre Lieben gebeten, Sie die nächste Zeit absolut nicht zu stören, Haustiere aus dem Zimmer gesperrt – und ab geht die Reise!

Entspannungsübung

Ich entspanne mich nun ... Entspannung ist angenehm ... ich entspanne mich ...

Ich entspanne jetzt meine Füße ... die Zehen ... meine Füße entspannen sich ...

Ich spüre den leichten Druck, wo sie den Boden berühren ...

Meine Füße entspannen sich ...

Ich spüre meine Knöchel ... sie entspannen sich ... meine Waden ... meine Füße und Waden sind ganz entspannt ...

Ich spüre die Knie ... sie entspannen sich ...

Meine Schenkel ... sie entspannen sich ... sind ganz entspannt ...

Meine ganzen Beine sind nun ganz entspannt ... ganz warm und schwer sind sie ...

Meine Hüfte entspannt sich nun ... ich spüre, wie alle Muskeln weich werden ...

Ganz locker und entspannt ...

Der Bauch entspannt sich ... mein Bauch ist ganz entspannt ...

Leicht geht mein Atem ... ganz leicht ...

Ganz entspannt ist mein Brustkorb ...

Ich atme ein ... und aus ... ganz entspannt ...

Nun entspannt sich auch mein Rücken ...

Mein Rückgrat entspannt sich ... ganz entspannt ...

Mit jedem Atemzug entspanne ich mich mehr ... und mehr ... und mehr...

Ich spüre meine Hände ... sie entspannen sich ... sind entspannt ...

Meine Arme ... mein Unterarm ... mein Oberarm ... ganz entspannt ...

Ich fühle, wie meine Schultern sich lockern ... sie sind nun locker ... ganz entspannt ... ganz locker ...

Mein Nacken ... mein Hals ... entspannen sich immer mehr ...

Mein Gesicht entspannt sich ... mein Mund wird ganz weich ...

Ganz entspannt ... entspannt, der Kiefer ...

Meine Augen, ganz entspannt ... die Augenlider, schwer ...

Der ganze Körper ist entspannt ... warm ... gelöst ... ich bin ganz ruhig...

Gedanken kommen und gehen ... ich lasse sie los ... bin ganz entspannt ...

Mein Atem geht ganz entspannt ein und aus ...
Ruhig und gelöst ... ganz entspannt ...
Ich fühle mich wohl ...
*(Gönnen Sie sich genügend Zeit, sich völlig zu entspannen, denn je gelöster
Ihr Körper ist, desto einfacher hat es Ihre Phantasie.)*

Ich stelle mir vor ... ich liege auf einer grünen Wiese ...
Ich spüre unter mir das weiche Gras ...
*Es ist angenehm warm ... die Sonne ... ich spüre ihre Wärme am ganzen
Leib ...*
Ich fühle den Sonnenschein auf Händen und Armen ... es ist angenehm ...
Die Sonne scheint ... ich genieße ihre Wärme ... ich blinzele ...
Ich sehe mich um ...
Ich sehe die Gräser ... die Blumen ... sanft wiegen sie im warmen Wind ...
Ich höre die Vögel zwitschern ...
Eine Hummel summt gemächlich an mir vorbei ...
Ich rieche das Gras ... die Erde ...
Weiter vorn sehe ich Bäume ... Gebüsch ... grünes Dickicht ...
Ist es undurchdringlich? ...
Ich bin neugierig ... ich gehe hin ...
Ich stehe vor dem Dickicht ... ich will da durch ... gehe näher ...
Ich merke, ich kann das Dickicht einfach teilen ... ich bin durch ...
*Ich stehe nun auf einem Weg ... der Weg führt zu einem besonderen
Ort...*
Ich sehe ihn schon von weitem ... es ist ein ganz besonderer Ort ...
*Ich will da unbedingt hin ... ich gehe ... es ist der schönste Ort,
den ich mir vorstellen kann ... ich sehe ihn ...*
Nun bin ich da, an diesem wunderschönen Ort ...
Ich stelle ihn mir vor ... ich sehe ihn ...
Es ist die Heimat meiner schönsten Träume ...
Ich bin angekommen ...
Für jeden sieht er vielleicht anders aus, dieser wunderschöne Ort ...
Ich habe ihn gefunden ... ich bin da ... sehe mich um ...
Wie sieht er aus, mein wunderbarer Ort?
Wo bin ich? ... vielleicht in der Stadt ... in der Natur ...
Bin ich am Meer? ... in den Wolken? ... im Weltall?

Dies ist er ... mein ganz persönlicher Ort ... Was sehe ich? ...
Ich schaue mich in Ruhe um ... ich habe alle Zeit ... soviel ich will ...
Ich sehe mich um ... Zieht mich etwas besonders an? ...
Ich trete näher ... schaue es mir genau an ...
Was empfinde ich? ... Möchte ich hier etwas tun? ... Ich habe genügend
Zeit ...
Ich fühle mich wohl ... ganz entspannt ... ruhig ... wohl ...
(Sie können solange bleiben, wie Sie wollen, sollten aber auf jeden Fall
solange bleiben, bis Sie diesen Ort kennengelernt haben!)

Ich kehre nun in Kürze zurück in meine gewohnte Umgebung ...
Schaue mich noch einmal um ...
Ich kann immer wieder hierhin zurückkehren ...
Dieser Ort ist für mich da ... ich brauche mich nur zu entspannen und ihn
mir vorzustellen ...
Zum Abschied nehme ich das Ganze noch ein letztes Mal in mich auf ...
Ich drehe mich nun um ...
Und kehre zurück in meine gewohnte Umgebung ...
Zurück in meinen Körper ... Zurück in meinen Körper ...
Zurück in meinen Körper ...
Ich fühle mich wohl ...
Ich recke mich ein wenig ... strecke mich ein wenig ...
Atme tief ein und aus ...
Ich bin wieder bei mir ... in meinem Körper ... das ist angenehm ...

Wenn Sie Lust haben – und es ist wirklich empfehlenswert, die Schätze, die
man in sich vorfindet, auch zu bergen – zeichnen, malen Sie, was Sie gesehen
haben oder schreiben Sie es auf.

Gehen Sie öfter an diesen Ort, tun Sie sich etwas Gutes, Ihr Körper und Ihre
Seele werden es Ihnen danken. Und – Sie geben dadurch Ihrer Phantasie die
Möglichkeit, sich immer mehr zu entfalten.

_Die Vorstellungskraft ist der Muskelkraft darin ähnlich, daß sie schwindet,
wenn man sie nicht anwendet._ Sie werden sehen, wenn Sie sich öfter kraft Ihrer
Phantasie Orte, Ereignisse und Situationen vorstellen und diese so »realistisch«
wie möglich ausmalen, können Sie stets öfter, wenn Sie gefragt werden, voll-
mundig antworten: »Ja, was du da erzählst, kann ich mir genau vorstellen
. . .«

KAPITEL 1

Es war ein wunderschöner Nachmittag. Ich lag, nach einem angenehmen Spaziergang, auf einer Lichtung in einem dichten Wald. Die Nachmittagssonne tauchte die saftige, augustgrüne Wiese in ein Licht, das alle Farben intensiver scheinen läßt. Das rhythmische Sirren der Zikaden und unstete Summen hunderter Insekten betörten mich, und ich schloß die Augen. Eine Weile lauschte ich dem Lied der Lerchen. Sie feierten mit ihren jauchzenden Freudenmelodien die Schönheit dieses Augenblicks. Ein Specht klopfte lautstark Baumstämme nach Nahrung ab und erinnerte mich so daran, mir meine gegenwärtigen Empfindungen genauestens anzuschauen.

Mein Körper war entspannt und schwer, ein wohliges Gefühl, dem ich mich gerne hingab. Nach einer Weile spürte ich nicht mehr, wo mein Rücken aufhörte und wo die Erde, auf der ich ruhte, begann. Ich hatte das Empfinden, ein wenig im Erdreich versunken zu sein, und je mehr ich mich entspannte, desto tiefer empfand ich diese Verbundenheit. Der Geruch von Wiese und Wald, fruchtbarem Erdreich und Harz weckten Erinnerungen an glückliche, sonnendurchflutete Tage meiner Kindheit. Ich seufzte und bemerkte, wie regelmäßig nunmehr das Atmen meine Brust anhob und sinken ließ. Ich entspannte mich immer tiefer. Eine wunderbare Schwere befiel alle meine Glieder.

Vielleicht war es ein Tagtraum, oder gar ein Wachtraum, jedenfalls kam es mir schon bald so vor, als sei ich selbst diese Lichtung und der Wald mein Leben. Meine Gedanken summten von Blume zu Blume, meine Gefühle waren wie das Gras, das sich in der Sonne erwärmte.

Ich befand mich in jenem Bereich, wo Traum und Wirklichkeit ineinanderfließen und alle Grenzen durchlässig sind, mit denen das Alltagsbewußtsein

sein kleines Vorgärtchen einzäunt. Ich war in jedem Reich, in dem die märchenhaften Gestalten beheimatet sind, auch wenn man sie nur erahnt. Hier sind sie zu Hause, und dennoch haben sie von hier aus Einfluß auf unser Leben. Denn in Wahrheit ist beides ja nicht getrennt, und jenseits der rationalen Welt findet ein reger Austausch zwischen Wachzustand und Traumbewußtsein statt, auch wenn man es nicht wahrhaben will. Und über alledem liegt ein Himmel der transparenten Heiterkeit, der allen Wesen für immer Heimat ist.

Ich merkte, wie mein Atem immer langsamer und tiefer wurde, und es war mir, als hebe meine Seele sich langsam aus meinem Leib. Zunächst schwebte sie ein wenig über meinem Körper, der ausgestreckt und lächelnd in der Wiese lag. Gewisserweise war ich nun an zwei Orten auf einmal. Langsam jedoch vergaß ich meinen materiellen Körper, er entschwand aus meinem Bewußtsein und ich ging – schwebte ich?, ich weiß es nicht – langsam auf den Waldrand zu.

Eine Öffnung im Gebüsch, die in den Wald führte, zog mich fast magisch an. Aber schon einige wenige Meter später hatte ich mich darin verfangen. Ich konnte weder vor noch zurück. Mir war, als wollten die Sträucher mich festhalten und mich am Weitergehen hindern. Jedoch: Auch der Weg zurück war mir versperrt. Sollte meine Neugier mich in eine Falle geführt haben?

Es ist nichts Außergewöhnliches, von der eigenen Neugier geführt, sich schließlich im Dornengestrüpp der Zweifel zu verstricken, denn es ist ja gerade das Neue, das prickelnd Unbekannte, der Mensch, den man nicht kennt, aber auf den man sich dennoch einläßt, weil er einem sehr sympathisch erscheint, es sind all dies verlockende Ereignisse, die immer wieder zu großer Unsicherheit führen können – und wie sollte man seiner Unsicherheit anders begegnen können als durch Zweifel? Zweifel an dem eigenen Urteilsvermögen oder der eigenen Umsicht?

Aber begleitet mich dieser Zweifel denn nicht, seit ich denken kann? Ist da nicht ein Gestrüpp an Ge- und Verboten in meinem Inneren, das ich mir im Laufe meines Lebens und vor allem meiner Kindheit angeeignet habe, mit dem Zweck, vor allem nicht anzuecken, und die Liebe und Achtung meiner Eltern und all der Autoritäten, zu denen ich aufgeblickt habe, nicht zu verlieren?

Was tun? Je verzweifelter ich versuchte, mich in irgendeine Richtung zu bewegen, desto mehr verhedd. Da hielt ich inne und betrachtete das Gestrüpp genauer. Und je genauer ich hinschaute, desto besser konnte ich se-

hen, daß es die verschiedensten Sträucher waren, die mich umringten: Sträucher mit und ohne Dornen, buschig undurchdringliches und lichteres Gebüsch. Schon war mir nicht mehr, als wäre es nur dazu da, mich festzuhalten, sondern jeder Strauch wuchs und erblühte gemäß der eigenen Natur um seiner selbst willen. Da sah ich alsbald auch eine Möglichkeit, weiterzukommen! Ich umrundete einen Dornenstrauch und zwängte mich zwischen zwei lichteren Sträuchern hindurch und befand mich wenig später in einem grün leuchtendem Mischwald.

Ich setzte mich, das Herz hämmerte mir noch in der Brust, auf einen mit samtweichem Moos überwachsenen Baumstamm, den vor langer Zeit ein Sturm, oder vielleicht auch ein Riese, gefällt haben mußte. Es schien mir, als wäre der Wald seit Jahrhunderten von keinem Menschen mehr betreten worden, so unberührt war seine Pracht. Frieden kehrte in mich ein, aber ich verspürte auch am Rande meines Bewußtseins ein Nagen, eine noch weit entfernte Vorahnung von etwas Unheimlichem.

Es raschelte. Eine Katze, schwarz mit unregelmäßigen rotbraunen Tupfen, sich umschauend, erblickte mich, ignorierte mich jedoch völlig, als sei ein Mensch das alltäglichste Ereignis in diesem tiefen Walde. Sie hielt etwas in ihrem Maul, eine kleine Eidechse, noch lebendig, wie sich zeigte, denn als sie sie auf den Boden legte, sprang sie davon. Die Katze hüpfte ihr verspielt hinterher, krallte sie wieder und ließ sie erneut los. Das grausame Spiel der Katze, die, etwas gelangweilt, der jungen Eidechse nur scheinbar erlaubte zu entrinnen, wiederholte sich, und jedes Mal erwischte die Katze sie mit Leichtigkeit.

Nachdem ich mich dazu entschlossen hatte, nicht einzugreifen, konnte ich das Schauspiel mich tief berühren lassen. In dem vom Laub grünlich gefilterten, goldenen Sonnenlicht entfaltete sich, so wurde ich gewahr, das ewige Spiel von Jäger und Beute, die eine unverbrüchliche, natürliche Einheit formen. Der gehetzte kleine Tier, hin und her geworfen zwischen verzweifelter Schicksalsergebenheit und dennoch hoffnungsvoll jede Gelegenheit nutzend; die leichte Beute, die davonrannte, so schnell es ihr geschundener Leib erlaubte, und die gelangweilt siegessichere Katze, die dieses furchtbare Spiel mit ihr nur deshalb spielte, weil ihr Terror den kleinen Happen mit Adrenalin würzte, sie waren eine Einheit. Ich sah ihre Unteilbarkeit und weine mit ihnen, ich, der ich wie ein junger Gott auf dem Baume thronend, diesem Schauspiel erlaubte, seinen schicksalhaften Verlauf zu nehmen.

Ich erinnerte mich an eine Zeit, da mir der Tod, jener große Jäger, dessen Beute wir alle sind, sehr nahestand; als ich zum ersten Mal seine Unausweichlichkeit erkannte, ihn einlud, in mein Bewußtsein, ihn einlud bei mir zu wohnen und mich mitzunehmen, wenn es ihm beliebte. Aber es beliebte ihm nicht, ganz im Gegenteil: Je mehr ich mich ihm öffnete, desto lebendiger wurde ich. Und mir kam wieder in den Sinn, wie wir gemeinsam, mein Freund – denn Freund war er mir geworden, nun da ich ihn nicht mehr fürchtete – der Tod und ich, er schweigend an meiner linken Seite, durch die Straßen der Stadt liefen, ich voller still-freudig strahlendem Leben, er, der Atem der Geschichte, die Brise der Verwandlung und des unwiderruflichen Endes. Und er lief wirklich an meiner Seite, nicht als Metapher, sondern als Wesen; ein Wesen, dem ich mich zuwenden konnte und dessen Gegenwart ich genoß.

Er zeigte mir das vergängliche, bunte Treiben unter der Sonne, wie die Menschen emsig ihren Geschäften nachgehend, lauthals ihre Waren anpreisend, sich gierig auf Schnäppchen stürzend, im Halbschlaf ihr Leben unzufrieden fristeten, inmitten eines unfaßbaren Reichtums an Erfahrungen der Seele. Wie sie vorbeieilten an den wenigen lächelnden Gesichtern, da diese ihnen nichts als eben dieses Lächeln zu bieten hatten, wie sie jede Gelegenheit, sich der Einmaligkeit der Gegenwart zu öffnen, unbemerkt vorübergehen ließen. Und mir fielen die Worte des römischen Kaisers Marc Aurel ein, der erkannt hatte: Jung und alt, reich und arm, Weise und Tore verlieren im Moment ihres Todes alle das gleiche, diesen gegenwärtigen köstlichen Moment des jetzigen Augenblicks.

Gnadenlos und dennoch voller Liebe kam er mir da vor, mein zeitloser Freund, denn durch seine unsichtbaren Augen gewahrte ich zum ersten Mal die Schönheit der Vergänglichkeit, die Freude, die darin liegt, das unentrinnbare Schicksal zu bejahen, die Zärtlichkeit einer sterbenden Sonne, die mit ihren letzten Strahlen eine ungeahnte Pracht enthüllt.

Und nun erschien er mir erneut, mein Freund, der Tod, in den Augen jener Katze, die mich unverwandt ansah, nachdem sie sich genußvoll ihr Nachmittagshäppchen einverleibt hatte. Ich öffnete mich ihrer Jägerweisheit und erkannte den inneren Frieden derer, die ihrer Natur folgen, sah meine eigene Überheblichkeit, mit der ich mich zum Überwesen gemacht hatte, das dem Schicksal seinen Lauf gönnt. Ja, natürlich hätte ich eingreifen und das Leben

jener kleinen, unschuldigen Echse verlängern können, indem ich den Jäger verjagt hätte. Aber es wäre nichts als ein weiteres Schicksal gewesen, das in der Folge seinen Lauf genommen hätte.

Mit den unbewegt mich ansehenden Augen der Katze, in denen die meines Freundes, des Todes, durchschimmerten, sah ich Generation auf Generation Menschenwesen, die mit den besten Absichten den Lebewesen untersagt hatten, ihrer Natur zu folgen, denn sie waren überzeugt, die Natur sei gnadenlos und grausam. Und so entfernte sich jedes Menschenalter mit aller Gewalt immer weiter von der eigenen Natur. Nun konnte man die Welt beruhigten Gewissens einpferchen in Grenzen und Zäune, die Erde mit Beton und Asphalt überziehen, ihre Schätze plündern und diese alsdann in Gift verwandelt in die Luft verschleudern.

Wer der Natur entfremdet ist und ihrer Unberechenbarkeit kalkulierbare Maschinen vorzieht, kann, ohne mit der Wimper zu zucken, Flüsse in neue Betten zwängen, kann, was alt und von jeher so gewachsen ist, einfach Neuland nennen und es erschließen, was heißen soll, daß man alles, was sich einem in den Weg stellt, mit Gewalt plattwalzen, entwurzeln und wegsprengen darf. Vulkanausbrüche, Lawinen, Überflutungen, reißende Tiere, auch das sah ich in den stummen Augen der Katze: die Naturgewalten. Zwar sah ich die Gnadenlosigkeit, mit der die Natur einzelne Wesen und manchmal auch ganze Arten diesen Katastrophen opferte, aber Grausamkeit konnte ich keine entdecken. Im Gegenteil, mit den Augen des tödlichen Raubtiers sah ich eine unbekümmerte Freude an der Existenz, einen Jubel, an alledem teilzuhaben.

Die Katze leckte sich. Sie säuberte sich vom Staub der Jagd, des Schleichens, des Beute Witterns, des unsichtbaren Verfolgens und mit einem jauchzenden Satz Erhaschens. Im stillen dankte ich ihr für die Lektion in Bescheidenheit, die sie mir offenbart hatte.

Ohne mich eines weiteren Blickes zu würdigen, lief sie davon.

KAPITEL 2

Der Tag neigte sich dem Abend zu, und ich hatte Hunger bekommen. Ich sammelte die im Überfluß vorhandenen Beeren, und dazu grub ich mir einige nahrhafte Wurzeln aus.

Alsbald breitete das Dunkel der Nacht seine Flügel aus, und ich suchte mir ein weiches Plätzchen unter einer knorrigen Eiche, deren riesige Blätterkrone mir ein Gefühl der Sicherheit gab.

Die Geräusche des nächtlichen Waldes versetzten mich ein wenig in Unruhe; viele waren mir vertraut, aber was war jenes Rascheln und jenes launige Trappeln in der Ferne, als trommele jemand unregelmäßig auf einem hohlen, modrigen Baumstamm?

Auch fiel es mir schwer, mich der Furcht zu erwehren, ich würde von etwas beobachtet, dessen Atem sich dem Rhythmus der lauen Nachtbrise fügte. Oder war das am Ende nur meine Einbildung, die mir Streiche spielte? Welches Tier wäre denn groß genug, mit solchen Atemzügen aufwarten zu können? Dennoch rief ich mir zum Trost das Bild meines Schutzengels Gabriel in Erinnerung, den ich einst – ich war wohl gerade siebzehn Jahre – in einer Vision gesehen hatte, oder, ich zweifelte einen Moment, war auch das damals lediglich eine Halluzination gewesen?

In den Jahren abklingender Pubertät ist man besonders offen für solche Gesichter, die sich – in meinem Leben zumindest – zu jener Zeit häufiger einstellten. Vielleicht waren es ja die Antworten meines Unterbewußten auf mein existentielles Aufgewühltsein gewesen. Ich war mir jedoch damals gewiß, daß es Fingerzeige des Schicksals waren, die mir den Weg wiesen aus der materialistischen Welt meiner Eltern und weiteren Erzieher hin zu einer

spirituelleren Betrachtung der Wirklichkeit, und eigentlich glaube ich das auch noch heute. Die Inhalte jener Visionen behielt ich damals meist für mich, denn ich mußte schon bald erkennen, daß ich weder auf Einfühlungsvermögen noch auf Verständnis bei meiner Umgebung stieß, wenn ich etwas darüber verlauten ließ. Wenn man mir schon keine Phantastereien unterstellte, dann doch, daß diese Empfindungen nicht mehr seien als der sublimierte Ausdruck pubertärer Wachstumskrisen, die ich mir symbolhaft verschlüsselt in den Sinn riefe. Für mich jedoch waren es Wirklichkeiten; Realitäten, die nicht so klar umrissen waren, wie mein verwirrender Alltag mit all seinen, mir absurd vorkommenden Zwängen. Für mich war es trotz allem Widerstand meiner Umgebung eine objektive Realität, die mich ebenso forderte wie mein gewöhnliches Leben. Aber nicht nur das, sondern sie spendete mir vor allem Trost, indem sie meinen Horizont und mein Herz in andere Dimensionen erweiterte, deren Existenz allein schon wunderbar war.

Auch als kleines Kind scheine ich meinen Schutzengel bereits gekannt zu haben. Ich selbst meine, mich nicht mehr daran zu erinnern, aber ich habe, sagte meine Großmutter – und meine Mutter berichtete mir in der Folge das gleiche – öfter auf das Fensterbrett gezeigt und ihr gesagt, dort säße mein Engel. Und sie habe genickt, wie Erwachsene das zu tun pflegen, wenn Kinder etwas sehen, was ihnen verborgen bleibt, und habe gesagt: »Ja, ich sehe ihn.« Als sie mir das vor einigen Jahren erzählt hat, meinte sie noch, ich hätte dabei immer so freundlich gelacht, und dennoch sei sie nie sicher gewesen, ob ich nicht verschmitzt gelächelt hätte.

Die äußeren Umstände, unter denen Gabriel mir dann später erschienen ist, sind schnell geschildert. Eine kleine Wohnung im Harz, das Wohnzimmer spärlich eingerichtet, eine Blumenvase mit einem frischen Feldblumenstrauß. Ich war aus Amsterdam per Anhalter hergefahren und hatte sehr viel Glück gehabt: Sowie ich aus einem Auto ausgestiegen war, hielt, kaum hatte ich meinen Daumen wieder erhoben, schon das nächste an. Die Fahrt im Juli hatte insgesamt von Sonnenaufgang bis Sonnenuntergang gedauert.

Ich war im Wohnzimmer, meine Gastgeberin war in der Küche zugange, und ich entspannte mich auf ihrer Couch liegend ein wenig von der langen Fahrt. Da war mir mit einmal, als öffne sich meine Stirn, und ich sähe herab auf einen tiefblauen See, dessen Wasser wie von innen her leuchtete. Mein Herz brach in Freudenjubel aus, als langsam aus den strahlenden Gewässern

eine riesenhafte Gestalt auftauchte. In himmlisches Blau gekleidet, stieg aus seinen Schultern etwas regenbogenfarben Schillerndes auf, machte einen Bogen nach hinten, verjüngte sich in Höhe der Taille und strömte etwas weiter abwärts in seinen Leib zurück. Mit einem Schlag war mir klar, warum die Menschen meinen, Engel hätten Flügel.

Sein Gesicht und die leicht vom Körper abgewinkelten Hände, deren Innenflächen nach vorne gewandt waren, vermittelten mir ein unbeschreibliches Gefühl des Friedens.

Obgleich er keine Worte brauchte, war mir, als spräche er: »Fürchte dich nicht! Ich erscheine, denn du sollst wissen, daß ich dich immer beschützen werde. Du obliegst meiner Obhut, und ich werde dich nie verlassen, was auch immer dir geschehen mag, denn jedes Ereignis wird dir zuteil, auf daß du die notwendigen Lektionen erhältst. Auch du bist einzig in deine Welt geboren, daß mit deinem Dasein das Heil der Schöpfung gedeihe und du der Vervollkommnung dieser Welt dienst. Dazu mußt du lernen, dein Schicksal von ganzem Herzen zu bejahen, damit am Ende nicht du, sondern Er, der auch über mir ist, durch dich wirken und Seinen Plan vollbringen kann.«

Die Vision verblaßte und als ich die Augen öffnete, fühlte ich mich eigentlich genauso wie zuvor. Ich weiß nicht wieso, aber sie hatte etwas Selbstverständliches, Unspektakuläres. Es hatte sich für mich ja nichts Grundlegendes verändert, außer vielleicht, daß ich nun eine Begründung für meinen immer schon vorhandenen unterschwelligen Optimismus hatte. Ich war weder aufgewühlt noch von Gottesfurcht durchdrungen.

Wenn ich mich recht entsinne, habe ich mir eine Zigarette angezündet und danach mit meiner Gastgeberin, ohne das Geschehene mit einem Wort zu würdigen, zu Abend gegessen. Erst später wurde mir der Wert dieses Gesichtes bewußt.

Ja, ich gebe zu, ich habe in dieser Nacht im Wald gebetet, denn meine Furcht war groß und wachsender Tendenz, und ich habe mich an jenes Gesicht meiner Jugend erinnert. Und das Gebet und die Erinnerung müssen eine solche Intensität besessen haben, daß mir mein Schutzengel zu Hilfe eilte, denn ich fand mich erst am nächsten Morgen, nach einem ruhigen Schlaf, unter der Eiche liegend wieder vor.

Rasch nahm ich die Reste unseres Abendessens zu mir und lief, ohne mich noch einmal umzuschauen, nach Osten, von wo in der vergangenen Nacht je-

nes rätselhafte Atmen gekommen war. Ich konnte zunächst nichts entdecken, aber dann stieß ich auf etwas, was mir zu denken gab. *Waren das Spuren eines Tieres?* Wenn ja, dann hatte ich wirklich Grund zur Furcht, denn die Abdrücke waren mindestens so groß wie ich selbst. Die Haare standen mir zu Berge, und ich hoffte, daß ich mich irrte und dies nichts als natürliche Bodenformationen waren.

Ich lief, einer Fährte folgend, tiefer in den Wald. Am späten Vormittag kam ich an einen reißenden Bach, in dessen kristallklaren Wassern wunderschön bunte Steine glitzerten. Mich in die Hocke setzend, ließ ich meine Hände in das eiskalte Naß hängen. Es war erstaunlich: Alle meine Sorgen schienen zu verschwinden! Als nähme das strömende Wasser alle verwirrten Energien mit sich, als leere sich in der Folge mein ganzer Leib von allen Kümmernissen und hinterließe an ihrer Statt eine heitere Klarheit.

Voller Freude zog ich meine Kleider aus, legte sie ins Gras der Uferböschung und sprang mit einem Satz in ein Becken, das sich in einer Windung des Baches geformt hatte. Untertauchend entspannte ich mich und das, was mir zunächst den Atem völlig verschlug, so daß ich hätte schreien wollen, änderte sich in eine Kraft, die wie eine innerliche Flutwelle alles hinwegschwemmte, was sich einem kristallklaren Gewahrsein entgegensetzte. Auftauchend schüttelte ich die Haare und spritzte freudig Wasser in alle Richtungen, das Glitzern der Tropfenfontänen in der Sonne bestaunend.

Als ich aus dem Bach herausstieg, waren meine Kleider weg! Ich erschrak. *Habe ich sie vielleicht doch woanders hingelegt?* Ich spähte umher. Gewiß doch, dies war der Fleck, an dem ich sie zurückgelassen hatte. Völlig entblößt stand ich da, nackt in einem fremden Wald, kein Lebewesen weit und breit. Verzweifelt nachdenkend, was zu tun sei, starrte ich in das klare Wasser und sah dort einen Moment lang eine Figur, die mir sehr ähnlich war, auf einer Lichtung in der Nachmittagssonne liegen. *Was hat das zu bedeuten?* Ich konnte allerdings nicht lange darüber nachdenken, denn hinter mir hörte ich den Klang eines knackenden Astes. Ich fuhr herum.

Es fällt mir manchmal nicht leicht, Ihnen, lieber Leser, liebe Leserin, von meiner Reise zu berichten. Heute und hier mag Ihnen und mir klar sein, daß jene Reise nicht in unserer allgemein anerkannten realen Welt stattgefunden hat. Das macht sie jedoch nicht weniger wirklich, denn als ich sie machte, diese Reise, diese – wie wir später noch sehen werden – Lehre und diesen

Kampf, den ich zu bestehen hatte; als ich mich dort befand in diesem Wald, war er mir so real wie meine gegenwärtige Wirklichkeit hier an der Tastatur meines kleinen Computers.

Und mein Bericht fällt mir bisweilen auch deshalb schwer – nun, da ich hier an diesem wunderbaren Ort am italienischen Lago Maggiore in der Villa Volpi, der Villa der Füchse, im Schatten eines Sonnenschirms sitze –, weil mein Lebensexperiment »bodenlosen Lebens«, wie ich es manchmal nenne, für mich immer wieder ungeahnte Wendungen nimmt, die auch einen Einfluß auf meine Reiseerinnerungen haben. Denn sich erinnern ist niemals etwas Objektives, wie auch Sie bestimmt schon erfahren haben und wie jeder Kriminalist, jeder Polizist, der bei einem Verkehrsunfall die Zeugen zu vernehmen hat, Ihnen bestätigen wird. Wir mögen vielleicht alle etwas Gleiches gesehen haben, aber wir erinnern uns immer jeder nach seiner, nach ihrer Fasson. Und genauso verhält es sich mit der Gegenwart: Wir alle sehen die Welt der Namen und Formen, der Gestalten und Situationen durch die Filter unseres Bewußtseins, durch rosa und blaue, durch graue und goldene Brillen. Wer das weiß, wird sich einer gewissen Bescheidenheit nicht mehr erwehren können, denn mit welcher Gewißheit könnte ich behaupten, das einzig Wirkliche zu sehen?

Die Landschaften unserer Phantasien reichen, wie wir nun verstehen, mitten hinein in unsere sonst so prosaische Welt. Die Hoffnungen, die wir hegen, die Befürchtungen, die sich – bisweilen auch gegen unseren bewußten Willen – in unseren Herzen einnisten, die Erfahrungen, die uns geprägt haben, was wir von den Menschen übernommen haben, die wir liebten und lieben, das alles formt unsere Sehweise.

Wir alle wissen das und machen uns dennoch allzu oft zum Spielball dieser Vorstellungen und Phantasien, erlauben es ihnen, unser Leben zu gestalten. Das muß allerdings nicht so sein. Wir können lernen, bewußt damit umzugehen, gestalterisch in unsere Vorstellungen einzugreifen, dem Guten und Schönen willentlich mehr Energie zu geben und sie dem Hinderlichen zu entziehen.

Jene Situation im Walde, in der ich, nach einem erfrischenden, klärenden Bade im eisig kalten Wasser, meine völlige Nacktheit in einer mir essentiell unbekannten Welt am eigenen Leibe erfahren mußte, ja von den Umständen geradewegs dazu gezwungen wurde, mir meiner völligen Wehrlosigkeit und

Verletzlichkeit innezuwerden, hätte ich durchaus als hinderlich, als etwas Unschönes sehen können. Aber ich habe gelernt, eine andere Sichtweise vorzuziehen, in der ich meine, es sei wichtig, mir jede nur erdenkliche Blöße zu gestatten. Das ist, wie Sie wissen, nicht immer leicht, denn es enthüllt sich so manches, was wir lieber verbergen würden. Diese Möglichkeit habe ich mir jedoch bewußt genommen, als ich Ihnen und mir selbst restlose Ehrlichkeit versprochen habe. Nicht ohne Grund, denn ich weiß, daß solch eine authentische Haltung der einzige Wert ist, der ungeachtet aller Zustände und Umstände erhalten bleibt.

Damals hat mich das Schicksal entblößt, denn meine Kleider waren mir geraubt worden, und heute halte ich mich selber dazu an, nackt zu sein. Nicht im physischen Sinne, sondern im eigentlichen Sinne: mich nicht vor Menschen, ihren Gefühlen und Ansinnen zu verbergen, nicht hinter dem Berg zu halten mit dem, was in meinem Herzen, meinem Verstand und meiner Seele vor sich geht, ohne es dabei jemandem um die Ohren zu schlagen; denn in meiner Nacktheit ist mir auch ihre Blöße offenbar. Und mein Lebensexperiment führt mich noch darüber hinaus, in eine Blöße vor dem Unsichtbaren, das alles durchdringt und dennoch auch darüber erhaben ist. Wovon noch zu sprechen sein wird.

Wir haben also womöglich keine Kontrolle über unser Schicksal, aber wir können lernen, unsere Sichtweise zu ändern, und ich meine, daß wir das auch tun müssen, wenn wir für diese Welt und die Umstände, in denen jeder einzelne von uns lebt, eine Wandlung zum Guten hin wünschen. Aus meiner Sicht heißt das auch, sich selbst bewußt vorzustellen, sich in der eigenen inneren Landschaft auszumalen, was wäre wenn . . . *Was wäre, wenn ich dieses oder jenes Problem nicht hätte? Was wäre, wenn ich mich selbst nicht als kleines Rädchen im riesigen Getriebe der Weltmaschine betrachten würde? Wie sähe ich aus als freudestrahlender, glückspendender Mensch? Was würde es unter gegebenen Umständen heißen, meinem Nächsten wirklich liebevoll zu begegnen? Was würde ich tun, wie würde ich handeln, wie würde ich mich im einzelnen fühlen, wenn ich mich selbst ganz annähme, wie ich bin, wenn ich mich selbst liebte?*

Ich weiß aus Erfahrung: Wer sich die Mühe macht, Tag für Tag sich selbst lieben zu lernen, wer sich alltäglich vorstellt, ein liebevoller Mensch zu sein, der wird immer motivierter, dem eigenen Körper, den eigenen Empfindungen, dem eigenen Denken gegenüber liebevoll zu handeln. Und wer sich selbst ganz annimmt und liebt, wird so auch dem Nächsten ein Born der liebevollen Zuwendung.

Ich fuhr also herum. Oben an der Böschung stand ein Fuchs und sah mich mit etwas schräg geneigtem Haupt neckisch an: »Ei, ei, sieh mal einer an, ein nackter Menschensohn! Was macht denn der hier?«

Ich traute meinen Ohren nicht, ein Fuchs, der sprechen konnte! Litt ich unter Halluzinationen? War ich am Ende gar dabei, verrückt zu werden?

Der Fuchs, wie bekannt ein schlaues Tier, muß meine Verwirrung bemerkt haben: »Da staunt der Menschensohn und schlackert mit den Ohren, wenn er mit ihnen schlackern könnte, wie unsereins. Natürlich kann ich sprechen! Ihr seid nur für gewöhnlich mit Taubheit geschlagen. Vielleicht fällt es dir leichter, das Offenkundige zu akzeptieren, wenn ich dir sage, daß das Wasser des Baches schon manchem, der nicht hören konnte, zu Ohren verholfen hat!«

Die Erklärung leuchtete mir ein. Viele alte Geschichten, die bisweilen als Märchen abgetan werden, wissen davon zu berichten, wie Gewässer, Brunnen und Quellen so manchen Kranken gesund, Zaghaften tapfer und Tauben hellhörig gemacht haben.

Nun wandte ich mich meinerseits an ihn: »Weißt du vielleicht, wer mir meine Kleider gestohlen hat?«

»Das fragst du einen Fuchs?«

»Du magst zwar Gänse stehlen, aber ich vertraue dir trotzdem und um ganz ehrlich zu sein, ich habe wohl keine andere Wahl. Außerdem stelle ich meine Nacktheit nicht gerne zur Schau, das macht mich ganz verlegen. Du hast ein Fell am ganzen Leib und kannst dich deshalb sicherlich nicht in meine Lage versetzen, aber einem Menschen fällt es einfach nicht leicht, ganz ohne Kleidung dazustehen!«

»Nun ja, man sieht euch nicht oft in dieser Gegend. Mein Urgroßvater sagte, vor langer langer Zeit hätte er den letzten Menschen gesehen. Das ist auch besser so . . . für euch, denn der Drache hat es nicht gern, wenn euereins in seine Nähe kommt. Er mag euch nicht, besser gesagt, er hat euch zum Fressen gern«, fügte er spöttisch hinzu.

Mich packte der Schreck, als ich ihn so reden hörte. Dann waren die Spuren an meinem Nachtlager am Ende die eines Drachen gewesen? War das nicht völlig unmöglich, wo es diese Ungeheuer nur in alten Legenden gab?

Wo bin ich gelandet? Ich kam mir auf einmal sehr unwirklich vor. Unwillkürlich dachte ich an die Figur auf der Lichtung. *Dies ist ein Traum!* schoß es mir durch den Kopf, *das gibt es alles gar nicht wirklich.* Momente lang war es mir klar, aber schon hatte ich es wieder vergessen und wußte nur noch, daß irgend etwas mit meiner gegenwärtigen Lage nicht stimmte, nur was?

»Bist du sicher, daß du mich nicht zum Narren hältst? Haust wirklich ein Drachen in diesem Wald?« fragte ich zögerlich.

»Alaya hat noch nie gelogen«, entgegnete der Fuchs. »Bisweilen erlaube ich mir den Luxus, nicht die ganze Wahrheit in einem Stück zu sagen, aber lügen . . . Nie! Wer denkst du eigentlich, daß du bist, daß du mir solche Späße unterstellst?« Er gab sich entrüstet. »Mit Drachen spaßt man nicht, und man spricht so wenig wie möglich über sie und sagt niemals, niemals ihren Namen. Sie haben magische Kräfte und hören und sehen weiter, als man denkt. Das merke dir! Jetzt habe ich meine Pflicht getan und dich gewarnt, mehr kann man von Alaya nicht verlangen!«

Da wandte er sich, um seines Weges zu ziehen, und ich bat ihn inständig: »Lieber Alaya, bitte geh' nicht einfach fort. Hilf mir mit den Kleidern. Deine scharfe Nase und große Schlauheit überragen meine bei weitem, und ich wäre dir zu ewigem Dank verpflichtet, wenn du mir helfen könntest!«

»Ewiger Dank, ewiger Dank«, murmelte der Fuchs in seinen Bart, »was hab' ich schon davon. Na gut, ich bin ja gar nicht so. Freut mich, daß du merkst, ohne mich aufgeschmissen zu sein. Also, wo lagen sie denn, deine Kleider?«

Ich zeigte ihm die Stelle. Er schnüffelte ein wenig herum, mal hier, mal da, schüttelte den Kopf, schnüffelte weiter, kratzte sich mit seinem Hinterlauf am Ohr. Schließlich legte er seinen Kopf wieder schräg und schaute mich neckisch an: »Ganz schönes Pech hast du da. Deine Kleider wirst du wohl nie wieder sehen. Es riecht hier nach Raben, definitiv nach schwarzen Rauf- und Witzbolden. Die sind bestimmt schon über alle Berge. Kannst von Glück reden, wenn sie Naduweißtschon nichts davon erzählen.«

»Wieso?« wollte ich wissen.

»Dies Dingens, von dem wir wirklich nicht mehr reden sollten, hat ein paar Freunde, zwar nur wenige, aber immerhin. Und die Raben gehören dazu.«

»Was soll ich bloß machen?« Ich war ziemlich verzweifelt.

»Komm mit, mein nackter Freund, ich will dir etwas zeigen.« Alaya ging vor auf eine Fährte, die vom Bach weg in den Wald hineinführte. Ich folgte ihm, war jedoch ein wenig unruhig, denn auf mein Nachfragen hatte er nur den Kopf geschüttelt und gemeint, ich würde ihm ja sowieso nicht glauben, wenn er sagen würde, wohin wir unterwegs seien. »Da mußt du mir wohl oder übel trauen!« Was hätte ich auch sonst tun sollen?

Meine Unruhe steigerte sich noch, als der Pfad immer schmaler wurde, weil das Unterholz immer mehr auf ihn eindrang und es am Boden dunkler wurde, denn auch die Bäume standen dicht beieinander und ihre Kronen filterten das Tageslicht immer stärker. *Wohin führt er mich?*

In meiner Nacktheit war ich äußerst verletzlich und hatte mir bereits ein paar Schrammen an überhängenden Ästen geholt. Ab und zu drehte Alaya sich um und schaute mich schelmisch an: »Na komm schon, du bist doch kein rohes Ei!«

Auf einmal weitete sich der Pfad, das Gebüsch wich zurück, und wir befanden uns auf einem weichen Bett aus Fichtennadeln, das sich etwa hundert Meter in alle Richtungen erstreckte. Riesige Fichten ragten in langen, einigermaßen regelmäßigen Reihen auf, so daß das Ganze das Aussehen einer natürlich gewachsenen Kathedrale mit hoch emporstrebenden Säulen hatte. Etwas seitlich der Mitte des natürlichen Kirchenschiffs, dort, wo eine Kanzel hätte stehen können, stand ein Kreis weiß leuchtender, hochgewachsener Birken.

Der Fuchs führte mich in dieses Birkenrund hinein und bat mich, mich zu setzen. »Warte, bis ich wiederkomme«, forderte er mich auf, »und hüte dich, den Kreis zu verlassen. Hier kann dir geholfen werden, aber es ist gefährlich, den Kreis ohne weiteres zu verlassen. Warte auf mich, egal, wie lange es dauern mag!« Und noch ehe ich ihn fragen konnte, was das alles zu bedeuten habe, lief er davon und verschwand auf dem Pfad, der uns hergeführt hatte.

Wieder allein mit mir selbst, noch dazu nackt und leicht fröstelnd, begann ich an den ehrlichen Absichten des Fuchses zu zweifeln. Was, wenn er nun ein Spiel mit mir spielte, wenn hernach eine riesige Menge vor Lachen sich biegender Waldbewohner aus dem Gebüsch stürzte, um sich über mich lustig zu machen? Oder, gar noch schlimmer, wenn er mit reißenden statt reizenden Freunden zurückkehrte, um sich an einem leckeren Häppchen Menschenfleisch schadlos zu halten?

Ich wartete und wartete, hin und her geworfen zwischen der Angst, lächerlich gemacht zu werden, und einer gewissen Todesangst. Langsam zog die Sonne ihre kaum sichtbare Bahn am Himmel, und der Fleckenteppich aus goldenen Strahlen wanderte über den dunkelbraunen, benadelten Boden. Es waren kaum Tiergeräusche zu vernehmen, es war, als würde diese Kathedrale auch von Tieren heilig gehalten, oder vielleicht auch nur umgangen, als dämpften auch die Vögel, die ich vereinzelt dennoch fliegen sah, ihr Lied, als würde dieser Fleck sogar dem Wind Einhalt gebieten.

Meine Ungeduld wuchs mehr und mehr, und jede Minute wurde zu einer ungewissen Ewigkeit. Da wußte ich schließlich, daß ich, wenn ich mich vom Warten nicht vollends verrückt machen lassen wollte, mich nun entscheiden müsse: *Entweder ich vertraue dem Fuchs und harre ruhig der Dinge, die da kommen mögen, oder aber ich stehe sofort auf und mache mich so schnell wie möglich davon!*

Es gibt im Leben immer wieder Situationen, in denen man vor der Wahl steht, ob man sich einläßt oder nicht. Als man mir anbot, dieses Buch zu schreiben, ging es mir so – es war und ist ein Abenteuer für mich, von dem ich nicht weiß, wie es ausgehen wird. Ich sagte Ja, weil ich wußte – als ich mein Herz befragt hatte –, diese Aufgabe ist mir auf meinem Wege *gegeben* worden.

Oder, als ich zum ersten Mal einen wahrhaft spirituellen Menschen traf. War ich bereit, mich auf ihn einzulassen? Es war klar, wenn ich das tun würde, konnte ich nicht mehr mein eigener Herr sein, ich mußte mich der spirituellen Führung – wenigstens für eine gewisse Zeit – völlig überlassen, ohne auf »mich« zu hören, auf meinen eigenen Verstand. Was mir half, war natürlich, daß ich eigentlich schon immer wußte: »Mein Leben liegt in einer höheren Hand als der meinen«.

So sollte man wohl beim Ankauf eines Haushaltsgeräts rational abwägen, den eigenen Verstand so gut wie möglich nutzen, aber wenn es darum geht zu entscheiden, ob man sich auf ein Abenteuer einläßt, beziehungsweise sich einem Menschen rückhaltlos öffnet oder nicht, spielt der Verstand vernünftigerweise eine untergeordnete Rolle. Schließlich stehen dem Denken nichts als die Kriterien der Vergangenheit zur Verfügung, und darauf ist nun mal kein Verlaß, wenn es um etwas ganz Neues, noch nie Erlebtes geht.

Letztlich habe ich mich immer wieder auf eine innere Stimme verlassen, die eindringlich danach fragt, was für mich stimmt. *Ich traue der Intuition, die am besten weiß, was richtig ist.* Und ich bin nicht schlecht dabei gefahren.

Und nun, im Kreis der Birken sitzend, war ich gezwungen, mich erneut zu entscheiden. Ich beschloß, auszuharren, durchzuhalten, komme was wolle, mich ganz der gegebenen Lage auszusetzen und mich soweit wie möglich dem Geschehen zu öffnen. Wie sonst kann man erfahren und lernen, was es heißt, lebendig zu sein?

KAPITEL 3

Die Stille erfaßte mich, begann mich nahezu zu bezaubern. Da vernahm ich ein Flirren, Sirren und Summen, das aus den Baumkronen kam. Ich gewahrte – Nein! Unmöglich! Sie werden mir nicht glauben! – ich sah eine Anzahl libellenhaft schillernde, herab spiralende, geflügelte Wesen. *Feen*, dachte ich. Sie waren nicht sehr groß, vier oder fünf Handspannen höchstens, und sausten verspielt, sich haschend im Birkenrund umher.

»Ein Menschenkind! Ein fasernacktes Menschenkind!« rief eine der anderen zu, und ihr Lachen klang wie kleine silberne Glöckchen. Nachdem sie mich von allen Seiten bestaunt und wohl auch belächelt hatten, setzten sich einige auf den Boden, nicht fern von mir, andere hingen oder saßen auf Ästen und unter riesigen Farnen.

»Was machst du in unserem Hain?« fragte eine Fee mit rötlichem Haar und blaugrünen Augen, in die ich nicht lange zu schauen wagte. Aber ich konnte wiederum auch nicht lange von ihr wegschauen, denn sie strahlten eine unirdische Schönheit aus, wie ich sie noch nie gesehen hatte. Ihre Stimme war so hoch, daß ich mir Mühe geben mußte, sie zu verstehen.

»Was soll das? Hat man sowas schon gehört? Ein Mensch in unserem Hain! Frechheit!« beschwerten die silbernen Stimmchen der anderen sich durcheinander.

»Der Fuchs Alaya hat mich hergeführt, und ich weiß auch nicht recht, wozu«, hielt ich ihrer Entrüstung ein wenig verlegen entgegen.

»So wahr ich Mathusala heiße, diesem Filou werden wir die Schnurrhaare langziehen!« sagte die Fee mit den rötlichen Haaren.

36

»Der wird mit seiner Schlauheit noch mal ganz schön auf sein süßes Schnäuzchen rasseln, wenn er nicht aufpaßt!«

»Oh ja! Ein Stolperdraht! Ein Stolperdraht!« riefen die anderen im Chor.

»Immer mit der Ruhe!« sirrte Mathusala und wendete sich mir zu: »Und wieso hast du kein Gewand?«

Ich erzählte, was geschehen war und daß der Fuchs gemeint hatte, es wären die Raben gewesen.

»Diese geflügelten Ungeheuer!« machte Mathusala ihrer Empörung Luft. Sie tuschelten untereinander und kicherten und flogen ein paar spiralende Kreise, bevor sie sich, diesmal etwas mehr in meiner Nähe, wieder niederließen.

»Ein nackter Mensch ist kein erhebender Anblick!« sagte Mathusala. »So kannst du hier nicht rumlaufen. Wir müssen dir was zum Anziehen beschaffen, sonst verschandelst du uns noch den ganzen Wald!«

Sie sirrten und flirrten wieder umher, sie kreisten auf und ab, sie prusteten und kicherten, vollführten mit Händen und Füßen die sonderlichsten Gesten, schossen Purzelbäume in der Luft, und nach einer Weile schien es, als schimmerte und glitzerte es in der Luft und aus dem Nichts schwebte ein blau glänzendes Gewand herab.

»Anziehen! Anziehen!« riefen sie.

Es war wie feinste Seide in meinen Händen und leicht, gleich einem Windhauch und wärmte mich dennoch, als ich es mir über den Kopf zog.

»Wie kann ich euch jemals danken?« Mein Herz quoll vor Freude über, ich fühlte mich leicht und hüpfte auf und ab, drehte mich im Kreis und tänzelte auf Mathusala zu. Sie verzog die Lippen zu einem Schmollmund.

»Das Menschenkind will uns danken, habt ihr das gehört?« rief sie scheinbar belustigt.

»Dann zähme den Drachen und tue was du kannst,
daß er mit seinen sieben Sachen woanders hintanzt.
Das Kleid wird dir helfen, er kann es nicht sehen,
ein Geschenk von uns Feen und auf Wiedersehen!«

sang sie.

Sie flogen davon, flirrten und sirrten kichernd und tuschelnd zu den Birkengipfeln und entschwanden im glitzernden Sonnenschein.

Feen sind trickreiche Wesen, und ihr Tun ist trügerisch, kam es mir in den Sinn. Ich schaute an mir herab: Das Gewand war immer noch da und schim-

merte im Nachmittagslicht. Und das sollte der Drache nicht sehen können? Vielleicht hatten sie mich ja betrogen und es bewirkte das Gegenteil von dem, was sie behauptet hatten, und der Drache würde mich sofort erkennen. Erneut mußte ich mir die Frage stellen: *Kann ich den Wesen, denen ich hier im Wald begegne, trauen?* Auch wenn sie mir halfen, konnte es ja gut sein, daß sie ganz andere Absichten hatten, als sie vorgaben.

In der Menschenwelt ist es doch auch nicht anders: Auch dort gibt es wohl kaum jemanden, der einem absichtslos aus reinem Herzen hilft. Wie oft hatte ich nicht jenen vorwurfsvollen Blick in meinem Leben gesehen, der besagte: »Damals habe ich dir mit diesem und jenem geholfen und nun, da ich etwas von dir will, kannst du nicht mal . . . für mich tun!«

Wahrscheinlich waren auch die Feen nicht anders, vermutete ich nun, desgleichen ihre Hilfe, sie waren, als sie mir dieses Gewand gaben, bestimmt nicht ohne Absichten gewesen. Vielleicht war es ja von Anfang an so eingefädelt: Der Fuchs hatte mich in den Bach springen sehen, hatte sich mit den Feen beraten, die meine Kleider an sich nahmen und versteckten. Dann hatte er mich hergeführt, wo sie ihre feenhafte Zauberei veranstalteten. So würden sie, davon konnten sie durchaus ausgehen, Gefühle der Dankbarkeit bei mir wecken und mich in der Folge dazu bewegen, ihnen aus eigenen Stücken den Drachen vom Hals zu schaffen. Jedenfalls hatte ich ihnen meine Dankesleistung nicht aufnötigen müssen, die hatten sie sofort in Anspruch genommen und in einen Auftrag umgemünzt, von dem ich nicht einmal wußte, ob ich ihn erfüllen wollte oder konnte. *Mich mit einem Drachen zu messen! Das hatte mir noch gefehlt.*

Ich war niemals ein Held gewesen, sondern hatte mich eher allzeit nach der Maxime verhalten: *Lieber ein lebendiger Hund als ein toter Löwe.* Im Gegensatz zu den anderen Jungen, die ich in meiner Kindheit kannte, hatte ich mich nie geprügelt, war Auseinandersetzungen und Kämpfen stets aus dem Weg gegangen, und das mit Erfolg. Meine Stärke hatte nie in meinen Muskeln gelegen, obgleich ich eine durchaus athletische Erscheinung war und bin – die ist mir allerdings angeboren, und ich habe nie etwas dafür getan. Meine Kraft hatte eher schon immer in meinem Ideenreichtum gelegen: Wenn ich meine Geschichten erzählte, hingen mir die Freunde an den Lippen, und auch sonst gewann ich vor allem kraft meiner Phantasie Anerkennung. Ich war ein Mann des Wortes, nicht des Schwertes.

Da kam mir der Gedanke, daß die Feen mit ihren Absichten ja nichts Verwerfliches gemacht hatten. Sie wünschten sich etwas von mir, nachdem sie mir etwas gegeben hatten. In mir war jedoch von jeher eine grundlegende Abneigung dagegen vorhanden, den ausgesprochenen oder vermuteten Erwartungen anderer zu entsprechen. Gut möglich, daß ich, nun da die Gelegenheit mir diese Erkenntnis bot, mich mit dem Widerstand gegen diese Anforderung befassen sollte. Als ich diesem Empfinden nachspürte, gewahrte ich, daß dieses Widerstreben gegen solche Ansprüche lediglich die Furcht zu versagen war. Schon im Vorfeld sorgte ich deshalb immer dafür, keinen Fehlschlag erleiden zu müssen, also hatte ich bisher zumeist der Abneigung nachgegeben. Aber auf diesem Wege hatte auch nie wirklicher Erfolg gelegen: *Wer sich vorm Versagen drückt, kann sich auch am Erfolg nicht freuen*. Nun gut, so wollte ich mich denn nun dem Auftrage beugen!

Alaya hatte mir gesagt, ich solle im Birkenkreise bleiben, bis er wiederkehre, aber mit meinem Feengewand glaubte ich es wagen zu dürfen, aus dem Kreis auszubrechen.

Ich lief an seinen Rand und schaute in die Kathedrale aus Bäumen und Licht hinein; es sah nicht danach aus, als hätte ich etwas zu befürchten. Aber sowie ich einen Fuß außerhalb des Kreises auf den Boden setzte, klang ein lautes Stöhnen, wie ein wütendes Verwundetsein. Wie von der Tarantel gestochen, sprang ich zurück in den Kreis. Und wieder war Stille, als sei nichts gewesen.

Ich muß zugeben, daß ich mich äußerst verunsichert fühlte, aber trotzdem war auch meine Neugier geweckt. *Was könnte das gewesen sein?* Erneut trat ich einen Schritt aus dem Birkenkreis heraus, und erneut erklang das fürchterliche Wehklagen mit einem Unterton niedergehaltener Bosheit. Diesmal bemerkte ich außerdem, daß der Nadelboden zitterte. Und es war, als schiebe sich ein Schatten vor meine Seele, der mich erschaudern ließ. Ich konnte nichts Besonderes sehen, aber mir war gewiß, daß dies nur der Drache sein konnte. Das Geräusch entfernte sich jedoch, so daß ich mich weiter vorwagte, Schritt für Schritt. Allerdings kann ich nicht leugnen, nicht weiter gegangen zu sein als einige wenige Meter, mich immer wieder umschauend, um sicherzugehen, daß ein paar flinke Sätze ausreichen würden, mich wieder zurück ins schützende Rund zu bringen.

Die machte ich auch, als ich etwas näher eilen hörte. Es war gottlob nur Alaya, der Fuchs. Erst wollte er mich wohl schimpfen, sein Gesichtsausdruck

war ganz offensichtlich, aber als er mein Gewand registrierte, änderte sich das schnell. »Du siehst ja auf einmal regelrecht hübsch aus!« sagte er mit einem leicht ironischen Unterton. »Da waren wohl ein paar Feen zugange!«

»Woher weißt du das?« Ich war erstaunt, zuerst wenigstens, denn dann überfiel mich wieder die Befürchtung, tatsächlich in eine Lage manövriert worden zu sein, in der ich mit einem unendlich kräftigeren Wesen fertig werden mußte, dessen Stimme allein schon mich innerlich völlig erkalten ließ.

»Hast du das am Ende gar mit den Feen zusammen ausgeheckt?« verlieh ich meinem erneuten Mißtrauen Ausdruck.

»Was soll denn diese Frage? Natürlich hab' ich gehofft, daß die Feen heute kommen würden und sich an deiner Nacktheit stören. Das weiß man jedoch bei diesem unsteten Völkchen nie. Deshalb wollte ich keine Hoffnungen wecken, die sich womöglich nicht erfüllen würden, und habe dir nichts gesagt. Nur aus dem Kreis solltest du wirklich nicht rausgehen . . . Na ja, wie ich sehe, haben die Feen uns jedenfalls nicht enttäuscht, und du hast ein wirklich zauberhaftes Gewand an. Man könnte dich direkt beneiden.«

»Alles schön und gut, aber ich hab' mir auch etwas Fürchterliches aufgehalst. Ich hab' im Tausch für meine Dankbarkeit die undankbare Aufgabe bekommen, den D . . ., na du weißt schon, zu vertreiben. Dafür . . .«, ich wollte ihm gerade die Beschaffenheit meines blau schillernden Gewandes beschreiben, da unterbrach er mich.

»Ich habe ihn auch gehört, und wir sollten keinesfalls weiter über ihn reden, jedenfalls hier nicht. Aber du kannst gerne mit in meinen Bau kommen, die Wohnhöhle ist groß genug für ein hübsches Ungetüm wie dich, und ich glaub', meine Frau hat auch ein paar Wurzeln und Beeren, oder weiß, welche zu finden.«

»Das ist wirklich nett von dir!«

»Auf geht's!« sagte Alaya. Ich muß bekennen, daß ich geglaubt hatte, er hätte meine menschlichen Körpermaße wohl kaum richtig eingeschätzt, aber das war ganz ohne Grund, wie sich herausstellen sollte.

Der Fuchsbau schloß sich einer Sandsteinhöhle an und war groß genug, daß ich sogar aufrecht darin stehen konnte. Den Wohn- und Fluchtteil hatte er nicht einmal selber graben müssen, erklärte Alaya mir lächelnd. Er hatte das Ganze eines Tages, eines »wundervoll überschwenglichen Tages«, wie er es freudestrahlend ausdrückte, vorgefunden und war auf der Stelle mit Frau, Kind und Kegel eingezogen.

Er stellte sie mir der Reihe nach vor, Frau und Kinder, die »ja wohl bald ausziehen werden«, denn »sie sind ja nun schon groß genug, sich ein eigenes Revier zu ergattern«. Sie könnten sich ja nicht »den Rest ihres Lebens ins gemachte Nest legen«. Ich zog eine möglichst neutrale Miene, denn ich lasse mich ungern auf familiäre Unstimmigkeiten anderer Leute ein, es sei denn, man bittet mich unzweideutig um meine Meinung, und selbst dann versuche ich mich, sofern es mir möglich ist, da rauszuhalten und verkünde zu diesem Zwecke meist nur Allgemeinsätze, zeige Verständnis für alle Beteiligten und ihre jeweiligen Versionen derselben Geschichte.

Ich finde kaum etwas peinlicher, als daß Partner, Lebensgefährten, Eheleute, Eltern und Kinder sich in meiner Gegenwart »bearbeiten«, sich gar selbst heraus- und gegenseitig herunterputzen. Peinlich vor allem deshalb, weil ich mir zumeist keine Haltung zu geben weiß, wenn sie mich in ihre »Beziehungskisten« reinziehen wollen.

»Können wir hier über Naduweißtschon reden?« lenkte ich vom aufkommenden Zwist zwischen Vater und Kindern ab.

»Wenn wir uns weiter hinten hinsetzen, glaub' ich, droht uns keine Gefahr. Wir sind ja unter uns!« sagte Alaya nicht ohne Stolz und gab damit wohl seinen Söhnen und Töchtern zu verstehen, daß er es vorhin nicht böse gemeint hatte. Sie gesellten sich zu uns, während Frau Fuchs sich anderweitig zu schaffen machte – sie murmelte etwas wie: »So'n Unsinn, so etwas mit einem Fremden zu besprechen«, erhob aber keinen Einspruch.

Wir machten es uns in der hintersten Ecke der Höhle gemütlich, und Alaya erzählte:

»Du hast den Drachen gehört, das stimmt, und ich weiß nicht, weshalb er solche Töne von sich gibt, aber ich vermute, daß er sich manchmal einsam fühlt. Lacht nicht! Er ist auch ein lebendiges Wesen und sehr alt. Soviel ich weiß, ist der Drache schon solange hier, wie es den Wald gibt. Es heißt sogar, aber ich weiß nicht, ob das stimmt, daß er den Wald selber angelegt hat, oder daß Riesen, die es damals gegeben hat, ihn für den Drachen angelegt haben.

Der Drache – und ich kenne niemanden, der weiß, wie er heißt, oder wenn er seinen Namen kennt, diesen verrät – ist jedenfalls uralt und wohl auch entsprechend weise, obwohl mir das Wort im Zusammenhang mit ihm fast im Halse stecken bleibt.

Es heißt, daß er in seinem Lager in den Bergen einen riesigen Goldschatz hü-

tet. Andere sagen, daß er Jungfrauen fängt und kleine Kinder frißt. Ob das so ist . . . jedenfalls machen viele Eltern ihren Kindern damit Angst, und ich muß gestehen, daß ich selber in dieser Hinsicht nicht ganz unschuldig bin.«

Seine Kinder nickten.

»Aber manchmal weiß man sich eben nicht mehr zu helfen, wenn sie einen riesigen Rabatz machen.

Als ich jünger war, bin ich einmal ganz in seiner Nähe gewesen. Meine Frau kann das bestätigen . . .

»Du warst ein Narr, und ich habe mich fast zu Tode gegrämt, als du damals unterwegs warst«, knurrte sie von weitem.

»Wie dem auch sei. Wir haben als Kinder immer Geschichten über ihn gehört, welches Unheil er angerichtet hat, und ab und zu konnte man ja auch seine Stimme vernehmen oder sah ihn gar vorüberfliegen. Eines Tages wollte ich mehr wissen und machte mich, vielleicht auch um meinen Mut als junger Fuchs zu beweisen, mit ein paar Freunden auf den Weg zu den Bergen. Als wir den Fluß erreicht hatten, ließen sie mich allerdings im Stich, denn als gegen Abend das Ungeheuer über unsere Köpfe hinweg brauste, bekamen sie es mit der Angst zu tun und machten sich eilig aus dem Staub. Meine Neugier war allerdings größer als meine Furcht und, abgesehen davon, glaubte ich es nicht ertragen zu können, unverrichteter Dinge nach Hause zurückzugehen und von meiner ganzen Sippschaft belächelt zu werden, nach dem Motto: *Wir haben es ja von Anfang an gewußt* . . .

So ging ich allein am nächsten Morgen weiter, bis ich an einen tiefen Abgrund kam. Ich muß dort lange im Zwiestreit gesessen haben, ob ich den Abgrund hinunter und auf der anderen Seite wieder hinauf, ihn umgehen oder einfach aufgeben sollte, als ich plötzlich wieder dieses riesige Brausen vernahm. Ich schaute in seine Richtung und sah, wie der Drache mit geöffnetem Rachen riesige Kreise und Schleifen am Himmel zog. Es war ein wirklich erhebender Anblick, dieses riesige Ungeheuer in seinem Element zu sehen. Trotz seiner Ausmaße hatte sein Flug eine Eleganz, die mich tief berührte.

Da stieß er auf einmal herab und donnerte in meine Richtung. Ich konnte mich nirgendwo verstecken und harrte gezwungenermaßen, am ganzen Leib zitternd, der Dinge, die da kommen würden. Er landete auf der anderen Seite des Abgrundes und spuckte Feuer. Mir wurde ganz schön heiß, obwohl die Flammen mich nicht erreichten, und vielleicht sollten sie das ja auch nicht.

Und meine Güte, war er häßlich, man kann es kaum beschreiben. Ich will es gar nicht erst versuchen.

Ich weiß nicht, wie lange es dauerte, aber alle Furcht war auf einmal von mir abgefallen, vielleicht hatte ich mich auch damit abgefunden, daß meine letzte Stunde geschlagen hatte. Ich sah ihm schließlich in die riesigen Augen und sah plötzlich so etwas wie eine unendliche Einsamkeit, vermischt mit einer Kraft, die mir den Atem raubte. Ich kam mir unendlich klein vor, alles, was ich tat und machte, schien mir ein Nichts zu sein, angesichts seiner Größe und seines Alters. So muß sich ein Floh auf meinem Pelz vorkommen.

Wie lange ich ihn angesehen habe, weiß ich, wie gesagt, nicht mehr«, seufzte Alaya, »aber ich werde es mein Lebtag nicht vergessen. Schließlich stieg er wieder brausend in die Lüfte und flog davon und verschwand hinter den Bergen. Ich habe noch lange Zeit dort gesessen. So einsam und allein habe ich mich, glaube ich, nie wieder gefühlt.«

Eine lange Stille fiel. Ich war fasziniert. »Dann meinst du nicht, wie die Feen, daß der Drache verjagt werden soll?«

»Ach, weißt du, für mich wirkt er eigentlich nicht mehr so recht bedrohlich. Aber ich weiß auch, daß er unwahrscheinlich gemein sein kann. Wenn er sich nicht wohlfühlt, oder was weiß ich mit ihm los ist, brennt er zum Spaß schon mal ein Stück Wald mitsamt seiner Bewohner nieder. Ich hab' auch gehört, daß er Männer, die vielleicht hinter ihm her waren, oder ihm einfach, ohne es zu wissen, zu nahe gekommen sind, in der Luft in Stücke gerissen hat. Und es heißt auch, daß es ihm Vergnügen macht, die Waldbewohner von ferne mit einer Kraft, von der wir nichts wissen, beeinflußt; sie rachgierig, eifersüchtig, neidisch, gemein und was dies mehr sei, macht. Kann sein, daß das stimmt.«

»Ich hatte das Gefühl, es lege sich ein Schatten über meine Seele, als ich ihn heute nachmittag hörte«, sagte ich.

»Das ist nicht ungewöhnlich, kann aber auch daran liegen, daß es dir einfach unheimlich war, oder?«

Ich nickte.

»Wie dem auch sei«, beschloß Alaya seine Geschichte, »ich habe diese Probleme nicht. Für mich ist er schlicht ein steinaltes, einsames Ungeheuer, mehr nicht.«

Seine Kinder schauten ihren Papa stolz an.

Frau Fuchs hatte ihnen inzwischen ein Abendessen bereitet und für mich Wurzeln und Beeren gefunden.

Als wir alle genug gegessen hatten, war es bereits spät geworden, und sie zeigten mir, wo ich mich auf dickem Laub betten konnte, und wir sanken alle in einen tiefen Schlaf.

Kapitel 4

Als ich am nächsten Morgen wach wurde, war mir klar, daß ich eine Entscheidung zu treffen hatte. Entweder ich mußte mich wieder auf den Heimweg machen, oder mich der Herausforderung, die das Schicksal an mich herantrug, stellen. Das Ungewisse des Unterfangens, einem Drachen gegenüberzutreten, ja ihn gar zu bekämpfen oder zu verjagen, stand mir klar vor Augen, noch klarer allerdings schon bald, daß ich nicht zurück konnte, denn wie würde ich vor mir selbst bestehen können, wissend, daß ich, als es wirklich darauf ankam, gekniffen hatte?

Nach dem Frühstück aus den Resten des Abendessens zeigte mir Alaya, in welcher Richtung der Berg zu finden sei und, nachdem er mir versichert hatte, ich könne ihn jederzeit zur Hilfe rufen, »die Vögel werden es mir zutragen«, dankte ich ihm und seiner Familie für die Gastfreundschaft, und wir verabschiedeten uns aufs herzlichste.

Nach einer raschen Wanderung, denn ich wollte, da ich mich dafür entschieden hatte, meinem Schicksal nicht mehr zu entrinnen, schnell vorankommen, setzte ich mich um die Mittagszeit unter einen Baum und machte eine Verschnaufpause. Da hörte ich in der Ferne ein Singen. Es klang wie eine menschliche Stimme: *die Stimme einer Frau!* Alle Wesen, denen ich bisher begegnet war, hatten mir bisweilen nur durch die Blume, aber immerhin, zu verstehen gegeben, ich sei zu ihren Lebzeiten der erste Mensch, dem sie im Wald begegnet seien, und nun: der Klang einer weiblichen Stimme! Ich lief langsam und vorsichtig, um ja kein Geräusch zu machen, dorthin, wo ich sie vermutete. Der Gesang wurde immer lauter, aber als ich meinte, eine Gestalt zwischen den Bäumen gesehen zu haben, und deshalb noch langsamer und behutsamer fortpirschte, hörte das Singen abrupt auf. Ich blieb stehen; nichts bewegte sich mehr, alles war still.

Plötzlich klang dieselbe Stimme, doch diesmal bedeutend weniger liebreizend, hinter mir: »Nicht umdrehen, oder ich mach' dich zur Schnecke!«

Wie angewurzelt blieb ich stehen und begann dennoch, mich ein wenig umzudrehen, hörte aber sofort damit auf, als ich ein warmes schleimiges Gefühl zwischen meinen Schulterblättern verspürte.

»Das war die letzte Warnung, Bürschchen! Stehen bleiben und keine Bewegung mehr, sonst hinterläßt du in Zukunft nur noch Schleimspuren! Also, raus mit der Sprache, was machst du hier und weshalb schleichst du dich durchs Gebüsch!«

»Ich hab' dich singen hören«, erklärte ich mit leicht verlegener Stimme. »Ich wollte wissen, wer du bist. Man weiß ja nie, was einem begegnet. Und eine menschliche Stimme machte mich mißtrauisch, es soll im Wald außer mir keinen Menschen geben. Aber bitte, gestatte mir doch, mich umzudrehen«, bat ich sie und fügte, durch den Klang meiner eigenen Stimme wieder etwas zuversichtlicher geworden, ironisch hinzu: »So häßlich bin ich wirklich nicht!«

Das hätte ich wohl nicht wagen dürfen, denn ganz unvermittelt versetzte sie mir einen Schlag mit der flachen Hand auf den Hinterkopf, der zwar nicht wirklich wehtat, aber mir einen höllischen Schrecken einjagte.

»Schlaumeier kann ich in meinem Reich nicht ausstehen!« schnauzte sie mich an. »Aber du schlotterst zumindest nicht mit den Knien. Bist vielleicht kein schlechtes Material und lernfähig. Wird sich zeigen. Du kommst mit!« befahl sie und ehe ich mich versah, hatte sie mir einen Sack über den Kopf gestülpt und führte mich an der Hand fort.

Wenn man nichts sehen kann, verliert man nicht nur die Orientierung im Raum, sondern auch in der Zeit; Minuten kommen einem vor wie Stunden und Stunden wie Ewigkeiten, noch dazu, wenn man von einer Fremden geführt wird, die mich ab und zu, wenn ich über eine Wurzel oder sonst etwas stolperte, »Trottel« oder »Idiot« oder »Stümper« schalt. Als ich schließlich dagegen zu protestieren wagte, sagte sie lediglich: »Du bist ein Schwachkopf! Anstatt das Beste aus deiner – zugegeben – mißlichen Lage zu machen, bechwerst du dich, daß ich dir die Wahrheit ungeschminkt sage!«

Ich war entsetzt! Sie hatte mich völlig im Griff. Da sickerte langsam der Gehalt des Gesagten zu mir durch. Sie hatte ja nicht unrecht, wenn sie mich auf

das Offensichtliche aufmerksam machte, und ich war ein Trottel, wenn ich das in Abrede stellte. Natürlich mußte ich das Beste aus meiner Situation machen, anstatt mich selbst zu bemitleiden und mich bei ihr zu beklagen. Jetzt bemerkte ich auch, daß jedesmal, wenn eine Unebenheit auf meinem Wege lag und ich meine Füße besonders anheben mußte, sie mich ganz leicht in die Hand kniff, an der sie mich führte. Ich war also tatsächlich ein Esel gewesen!«

Eine halbe Ewigkeit später blieben wir stehen. »Wir sind da«, sagte sie.

»Wo?« fragte ich.

»Da, wo selbst ein Trottel wie du etwas lernen kann, wenn er will.«

Sie führte mich drei Stufen hoch und gebot mir, mich zu setzen. Sie zog den Sack von meinem Kopf, und ich rieb meine Augen, mußte sie geradezu noch einmal reiben, denn vor mir saß auf einem Schaukelstuhl eine wunderschöne Frau. Sie hatte lange, ein wenig wirre rostbraune Haare und ein hübsches ovales Gesicht. Ihre schlanken Hände lagen entspannt auf ihrem Schoß. Sie war in eine olivgrüne Jacke und in eine khakifarbene Hose gekleidet. Mit ihren dunkelbraunen Augen schaute sie mich durchdringend an.

»Wie bist du in den Wald gekommen?« stellte sie mich zur Rede. »Und, was willst du hier?«

»Ich will nicht oberschlau klingen«, gab ich zur Antwort, »aber ich lag auf einer Lichtung und bin dann einfach losgelaufen.«

»Niemand kommt so in diesen Wald, er gehört nicht zur Welt der gewöhnlichen Sterblichen«, entgegnete sie spitz. »Also erzähle mir keine Märchen!«

»Wenn ich es aber doch sage«, erwiderte ich etwas verzweifelt, denn mir war nicht entgangen, daß ich ihr ohne Umschweife die Wahrheit sagen mußte, und ich war besorgt, sie könne mir nicht glauben, und wer weiß, was sie dann mit mir anstellen würde. »Ich kann mich nur daran erinnern, daß ich auf einer wunderschönen Lichtung, die ich immer wieder gerne gesucht habe, eingenickt bin, und als ich wieder wach wurde, bin ich aufgestanden und losgezogen, wie ich gesagt habe!«

Sie schaute mich skeptisch an, sagte dann jedoch: »Du scheinst das wirklich zu glauben. Nun, dann wollen wir es zunächst einmal dabei belassen. Und, was machst du hier?« Sie ließ nicht locker.

Ich erzählte ihr von meinem Bade im Bach, wie mir der Fuchs geholfen, mich zum Birkenrund geführt hatte, die Feen mir aus Luft und Zauber mein Gewand webten und was der Fuchs mir über den Drachen erzählt hatte. »Heute morgen habe ich mich dann dafür entschieden, mich von meinem Schicksal führen zu lassen und mich mit dem Drachen zu konfrontieren, egal, wie es ausgehen mag. Denn, wenn es mir auch schwer fallen mag, ich glaube nicht vor mir selbst bestehen zu können, wenn ich mich dieser Herausforderung nicht stelle.«

Sie brach in Gelächter aus. »Welch hochtrabende Worte für solch ein kleines Pferdchen«, kicherte sie. »Und wie möchten euer Ehren das anstellen?«

Das war zuviel des Guten! Mich zu verhöhnen! »Vielleicht weiß ich noch nicht wie, aber ich werde es schon schaffen! Du brauchst mich nicht zu verspotten, auch wenn ich mich von dir habe gefangennehmen lassen, so habe ich auch meinen Stolz!«

»Der wird dir wohl kaum helfen, ganz im Gegenteil«, unterbrach sie mokant meinen empörten Wortschwall. »Aber ich sehe, du bist nicht ganz ohne innerliche Kraft, und man kann dir vielleicht etwas beibringen. Ich kann dich lehren, wie man sich mit einer Kraft verbindet, die weit über die eigene hinausgeht, aber ich weiß noch nicht, ob du tatsächlich etwas lernen kannst, denn du müßtest erst einmal einsehen, daß du nichts weißt und schon gar nicht, wie man mit Drachen umgeht.«

Sie hatte recht. Mehr, als daß es den Drachen gab und Alayas Geschichte wußte ich nicht, und wenn ich nicht einmal sie mit meiner Haltung beeindrucken konnte, ja, sie diese geradezu belächelte, wie würde dann der Drache reagieren? Nein, ich mußte von ihr lernen.

Offensichtlich konnte sie tief in meine Seele blicken, denn sie sagte: »Gut, dann wollen wir gleich damit anfangen! Zuerst einmal machst du die Hütte hier sauber und zwar gründlich. Wenn ich wiederkomme, muß sie glänzen, und alles ist an seinem Platz!« Und schon während sie so sprach, lief sie zur Tür und schmiß sie nach dem letzten Wort hinter sich ins Schloß.

Da saß ich nun. Das hatte ich mir nicht unter Lernen vorgestellt: Putzen und Saubermachen, statt Kampfkunst und Waffenschmieden. Ich hatte gedacht, daß sie mir den einen oder anderen Trick, den sie gewiß auf Lager hatte, beibringen würde, aber mich als Putze zu mißbrauchen . . .

Es blieb mir allerdings im Augenblick nichts anderes übrig, als erst einmal zu tun, was sie sagte.

Murrend begann ich damit, den Boden zu kehren. Meine Güte, was hier alles rumlag: Zweige, Blätter, Papierschnipsel, Krümel, undefinierbares Zeug, Rezepte; und was alles herumstand: Töpfe, Gläser mit vielfarbigem Gebräu,

Mausefallen, Bücher, jede Menge Krimskrams, den es irgendwie säuberlich unterzubringen galt. Es mußte abgewaschen, gewischt, Spinnweben gewedelt werden; es war, je näher ich das alles betrachtete, ein Augiasstall. Als ich jedoch erst einmal angefangen hatte und langsam aber sicher Ordnung in die Bude kam, machte es mir immer mehr Spaß. Als ich schließlich fertig war, glänzte und strahlte alles; die Bücher, Töpfe, Gläser, die Stapel Papiere, das ganze Sammelsurium hatte einen Platz in den Kästchen und Regalen, in den Schränkchen und an der Wand gefunden. Ich war stolz auf mich.

Kurze Zeit später kam sie zurück. »Was ist das für ein heilloses Durcheinander?!« polterte sie los, schon als sie zur Tür hereinkam. »Nennst du *das* Ordnung?«

Sie warf das fein säuberlich gestapelte Papier auf den Boden, daß es überall herum flog. Mit den Fingern wischte sie über ein Regalbrett und zeigte mir ihre dreckigen Fingerkuppen. »Nennst du *das* sauber?« Sie stemmte die Hände in die Hüften und wütend auf mich nieder. »Was hast du Würstchen dir eigentlich dabei gedacht? Gar nichts hast du gedacht! Nicht einmal eine so simple Sache wie aufräumen kann man dir überlassen, ohne daß du einen *Saustall* draus machst!«

Ich war außer mir, schnappte nach Luft, lief rot an, die Farbe wich mir aus dem Gesicht. *Das ist ja kaum zu glauben! Da macht man und tut man und strengt sich wirklich an und dann sowas!* Ich war wütend, konnte kein Wort rausbringen, hätte ihr ins Gesicht gespuckt, wenn die Spucke mir ob ihrer Dreistigkeit nicht vollends weggeblieben wäre. Als ich tief Luft holte und gerade losbrüllen wollte, am ganzen Leibe bebend, fing sie schallend an zu lachen. Ich war platt. Ich konnte nicht mehr. Ich setzte mich hin, denn meine Beine trugen mich nicht mehr. Es war unerträglich!

»Das ist die erste Lektion, mein Freund«, sagte sie nun auf einmal mit sanfter Stimme und setzte sich zu mir auf die Bank. Sie nahm meine Hand: »Du mußt lernen, dich nicht restlos von deinen Gefühlen mitreißen zu lassen. Sie machen dich taub und blind und völlig handlungsunfähig, du kannst dann nichts mehr wahrnehmen, außer deinen Gefühlen. Wenn du in dieser Verfassung auf den Drachen triffst, ist das dein sicherer Tod.

Gefühle sind Energien, mit denen du umzugehen lernen mußt. Du darfst dich von ihnen nicht mitreißen, dir dein Handeln nicht von ihnen diktieren lassen. Aber du darfst sie auch nicht unterdrücken.«

»Der Drache hat die Eigenschaft, deine fürchterlichsten Gefühle zutage zu fördern, auf vielerlei Art und Weise und nicht ohne Absicht. Alaya hat dir schon gesagt, daß er so häßlich ist, daß es aller Beschreibung spottet, und er hat gut daran getan, es nicht einmal zu versuchen. Sein Abscheu hätte nämlich auch sein Ende bedeuten können, wenn er nicht wie durch ein Wunder darüber hinausgegangen wäre, als er seinen Tod als unausweichlich akzeptierte. Das war sein Glück, aber damit kann man nicht rechnen, ebenso könnte man auch Pech haben.«

»Hörc also gut zu! Gefühle sind Energien, die, wenn du lernst, sie als solche zu betrachten, wenn du sie tatsächlich als namenlose Kraft sehen kannst, deine Geistesgegenwart gewaltig verstärken können. Und das gilt für alle Gefühle und Empfindungen, nicht nur für die Wut, die entsteht, wenn du dich ungerecht behandelt fühlst.«

»Das war auch für mich eine schwierige Lektion, aber als ich sie gelernt hatte, und das hat durchaus eine Weile gedauert, habe ich langsam eine Ahnung bekommen, weshalb mein Meister mir den Namen Rabia, die Leuchtende, gegeben hat. Denn hinter und durch alle Gefühle hindurch strahlt etwas, was mich letztlich weit über alles hinausgetragen hat, was ich mir jemals hätte vorstellen können.«

»Du hattest einen Lehrmeister?« fragte ich, neugierig geworden. Meine Wut war abgeklungen, und was sie sagte, leuchtete mir ein.

»Ja«, antwortete sie. »Zu seiner Zeit werde ich dir vielleicht einmal etwas über meine Lehrzeit erzählen, und es wird selbstverständlich für dich sein. Aber zuvor mußt du noch viel lernen, oder besser gesagt, ablernen, denn es geht nicht darum, daß du etwas tust, sondern daß du das meiste von dem läßt, was du derzeit noch für richtig hältst. Und, mehr als es einfach nur begriffen zu haben, wird es dir in Fleisch und Blut übergegangen sein müssen.«

Ich wußte wirklich nicht, was sie meinte, aber ich dachte in diesem Moment auch nicht weiter darüber nach. Ich wollte erst einmal die erste Lektion zu mir durchdringen lassen und fertig werden mit der Art, wie sie mir beigebracht worden war. Sie war eine fähige Lehrmeisterin, das litt keinen Zweifel, aber die Härte und Absolutheit, mit der sie gehandelt hatte, weckte Befürchtungen für die Zukunft in mir. *War es wirklich notwendig gewesen, mich derart zu schockieren?* Aber auch, wenn die Antwort auf diese Frage nicht »Ja« lauten sollte, konnte ich dennoch nicht leugnen, daß sie es um meinetwillen getan hatte und nicht, um mir

ihre Erhabenheit über mich oder etwas Ähnliches zu vermitteln. Sie hatte mir eine unerläßliche Lektion erteilt und wohl auch eine unvergeßliche: Ich hatte tief in meine Wut geblickt, und sie hatte mich nicht auf ihr sitzen lassen, sondern mir Einsicht in ihre Kraft vermittelt und sie zugleich auch vertieft. Sie hatte mir ein Verständnis dafür gegeben, womit ich es zu tun haben würde, wenn ich mich dem Drachen stellte.

Als ich dies alles überdachte, merkte ich, wie eine Empfindung der Dankbarkeit in mir aufstieg, und ich teilte sie ihr mit.

»Erinnere dich an dieses Empfinden«, sagte sie, »wenn du mich das nächste Mal in Stücke reißen willst, und nutze *alle* deine Gefühle, um noch wachsamer und klarer in der Gegenwart zu leben. Dann wird sie sich dir in all ihrer Fülle öffnen, und ihre Schätze liegen dir zu Füßen. Dann wird einzig deine Präsenz an einem Ort zu seiner Schönheit beitragen, wie der Morgentau den schlichtesten Grashalm zum diamantbesetzen Juwel macht.«

»Ich werde dich Matoschin nennen, Morgentau der Unschuld, denn wie der Morgentau sich aus dem Unsichtbaren, aus der Luft auf einem Grashalm niederschlägt und in der Sonne erstrahlt, so wird sich eines Tages die Unschuld deiner ursprünglichen Essenz auf und in dir niederschlagen, und durch dich hindurch wird das ewige Licht der Welt funkelnd erstrahlen. Dieser Name sei dir eine Erinnerung daran.«

Sie sah mir tief in die Augen und legte nach einiger Zeit ihre Hand auf mein Herz. Es war auf einmal ein Strahlen in meinem Herzen, wie ich es nie zuvor empfunden hatte, ein Glühen, wie das eines sanften Feuers, das mein Herz entflammen ließ, ohne es zu verbrennen. Ich schloß meine Augen, um dieses Empfinden ganz zu genießen, es völlig in mich eindringen zu lassen. Es war wie ein Strom flüssiger Liebe, der sich aus ihrer Hand in mein Herz ergoß, und ich ließ meinen Freudentränen freien Lauf.

Nach einiger Zeit öffnete ich die Augen wieder. Sie lächelte mich an. »Nun gut, Matoschin, es gibt nun kein Zurück mehr; aber das möchtest du auch nicht. Du hast jetzt einen Vorgeschmack davon bekommen, was es heißt, dich von ganzem Herzen der Wirklichkeit jenseits aller Vorstellungen hinzugeben, dich der Liebe zu öffnen, die keinem Menschen gehört, da sie bereits vorhanden war, bevor es uns gegeben hat – und sie wird auch noch da sein, wenn wir schon längst zu Asche geworden sind. Wer ohne sich an irgend etwas festzuhalten in dieser Liebe geht, aus ihrem Geiste handelnd, dem kann kein Drache

etwas anhaben, denn er fürchtet nichts, kein Gift, kein Feuer, nichts bleibt mehr an ihm haften.

Diesen Zustand zu erleben, ist ein Geschenk der Gnade, aber um aus der Gewißheit zu handeln, daß man für immer in ihm aufgehoben ist, bedarf es nicht nur dieser Gnade, sondern man muß auch harte Arbeit leisten. Man muß lernen, daß alles, was dem widerstrebt, losgelassen werden muß, und man muß es auch tatsächlich fahren lassen und zwar immer und immer wieder, bis es verschwunden ist, dich jedenfalls nicht mehr beeindrucken kann, sondern dir allenfalls vorkommt wie ein kurzer Regen.

Und es gibt vieles loszulassen, was du dir im Laufe deines Lebens angeeignet hast, du mußt darüber hinausgehen, darüber hinauswachsen, es hinter dir lassen, bevor dir dieser Zustand der Gnade zu eigen werden kann.

Ich weiß, daß du jetzt denkst, daß das alles ein riesiger Berg ist. Aber jeder muß dort anfangen, wo er steht. Ich weiß, wovon ich rede, denn einst ging es mir ebenso, und auch ich mußte viele Sachen, die mir lieb und auch weniger lieb waren, hinter mir lassen. Aber ich wußte, daß mein Lehrmeister recht hatte, als er mir erzählte, was ich dir nun weitergebe, und machte mich unverzüglich ans Werk!«

»Nun gut!« rief ich begeistert. »Dann ans Werk! Womit soll ich anfangen!«

»Geh hinaus und sammle Holz!« sagte sie nur. »Zieh dein Feenkleid aus, die Arbeitsklamotten dort drüben an und mach' dich an die Arbeit. Ich werde uns für heute Abend eine vorzügliche Suppe kochen.«

Ich zog mich um und ging hinaus. Ich konnte zwar nicht entdecken, was das Werk, das ich zu leisten gewillt war, mit dieser Arbeit zu tun hatte, dachte mir aber dennoch: *Das ist ein leichtes!* und machte mich dran. Ganz so leicht war es dann allerdings doch nicht, denn in der Nähe der Hütte war bereits alles dem Kochfeuer zum Opfer gefallen, und ich mußte ein ganzes Stück in den Wald hineinlaufen, um genügend Reisig und Äste zu finden. Außerdem wollte ich mich nicht in diesem mir unbekannten Wald verlaufen und prägte mir, was Zeit kostete, genau ein, wohin ich lief; es dämmerte schon, und es wurde immer schwieriger, den Weg zu sehen. Als das Holzbündel groß genug und ich mir sicher war, daß es nun reichen würde, fand ich dennoch nicht mehr den Weg zurück.

Mein verdammter Perfektionismus! fluchte ich im Inneren. *Bloß weil ich mir einen Rüffel ersparen wollte, daß das Holz nicht reicht . . .!* Während ich immer ver-

zweifelter nach dem Rückweg suchte, wurde es immer dunkler. Schließlich entsann ich mich Rabias Worte, mich nicht restlos meinen Gefühlen zu überlassen, sondern darüber hinauszugehen, sie loszulassen. Aber, wie läßt man Verzweiflung, wie läßt man die Angst, den Weg verloren zu haben, los? Ich suchte nach einer Lösung, stellte das Holzbündel ab und sammelte mich innerlich. Ich schaute mir mein Gefühl der Verzweiflung genau an, wie sie es gesagt hatte, sah nach, woher es rührte, wo ich es in meinem Körper empfand, seine Kraft, seine Schwingung, wenn man so etwas von Gefühlen sagen kann. Da begann es langsam abzuebben.

Das war's! *Gefühle sind Energien!* Und jetzt konnte ich auch den Weg sehen, der nicht wirklich vom Zwielicht des Anbruchs der Nacht, sondern von meiner Angst verdunkelt gewesen war. Ich war ganz aufgeregt ob meiner Entdeckung und nahm das Holzbündel wieder auf und eilte den Weg entlang nach Hause, um Rabia meine Erkenntnis mitzuteilen. Dort die Eiche mit dem riesigen Ast, wie ein Ellenbogen, dort der große einsame Felsblock, wie von einem Riesen hingeworfen, dort der Busch mit den kleinen weißen Blumen, die jetzt wie kleine Leuchtkäfer funkelten, und dort müßte jetzt eigentlich die Hütte . . . aber, sie war nicht mehr da!

Jetzt schien ich mich erst recht verirrt zu haben, und mit erneuter Heftigkeit, stärker als zuvor, legte sich der Ring der Furcht um meine Brust und schnürte mir die Kehle zu. Hier hätte die Hütte sein müssen: die Eiche, der Felsen, der blühende Strauch. Konnte ich mich so sehr getäuscht haben? Oder hatte ich am Ende die Episode mit Rabia nur geträumt?

Nun gut, dachte ich, *nehmen wir einmal an, ich hätte alles lediglich geträumt, was kann ich dennoch daraus lernen?* Ich versuchte, mich zu beruhigen, meinen Gedanken eine andere Richtung zu geben. Es gab, so schien es mir, keinen großen Unterschied zwischen dem, was ich gerade erlebte, und dem, was ich bei Rabia erfahren hatte. Und, die Lektionen, die man im Traum gelernt hat, kann man ja wohl auch in der Wirklichkeit anwenden und umgekehrt, stellte ich mir vor. *War es nicht am Ende egal, ob ich träumte oder nicht?* Mußte ich nicht jeweils dort, wo ich mich gerade befand – auch wenn ich nicht wußte, wo das war –, mußte ich nicht aus jeder Situation das Beste machen, mich jeweils mit aller in mir vorhandenen Kraft und mit vollem Bewußtsein auf das Gegebene einlassen und mich so verhalten, daß es mit meiner tiefsten innersten Wahrheit übereinstimmte?

Als ich in meinem Gedankengang soweit gekommen war, schien meine Furcht, verloren zu sein, verschwunden, und ich war eigentlich recht zufrieden mit mir selbst und den Schlüssen, die ich gezogen hatte. Bloß, was sollte ich nun anfangen? Was mit dem Licht meiner inneren Wahrheit tun, jetzt, da es inzwischen so dunkel war, daß man fast die Hand vor den eigenen Augen nicht mehr sehen konnte?

Ich rückte das Holzbündel zurecht, an das ich mich gelehnt hatte, und berührte dabei zufällig meine Hose: *Arbeitshose!* Ich hatte nicht geträumt, ich hatte immer noch die Arbeitskleidung an! Ich blickte mich um und sah auf einmal, gar nicht so weit entfernt, ein erleuchtetes Fenster. Die Hütte! Ich war also doch richtig gelaufen, nur stand sie bedeutend weiter zu meiner Rechten, als ich es in Erinnerung gehabt hatte. *Gerettet!*

»Na, da bist du ja«, sagte Rabia spöttisch, als ich eintrat. »Hast du dir mit Gedankenspielerei die Zeit vertrieben? Hast du deine Furcht mit Philosophie bekämpft und darüber die Zeit und unser Abendessen vergessen?«

»So ungefähr«, mußte ich zugeben und erzählte ihr, wie es mir ergangen war.

»Es ist ganz normal, sich zu freuen, wenn man etwas Neues anwenden kann. Aber deine Gefühle als Energien zu betrachten, ist natürlich kein *Gedankenspiel,* und ich weiß, daß du es, wenigstens ansatzweise, nicht so betrieben hast. Die Entdeckung der Energien ist das Resultat der unmittelbaren und zutiefst eigenen Erkenntnis, daß Gefühle genau das sind: Kräfte, zumeist ausgelöst durch unsere innere Einstellung hinsichtlich der Gegebenheiten und was wir von ihnen halten. Du hast dich niemals verirrt, sondern meintest lediglich, du hättest den Weg verloren und zwar genau deshalb, weil du dich davor gefürchtet hast. Das erste kleine Geschehen, das dir das bestätigen konnte, hat dies deshalb auch getan. Als du den Weg nicht sofort erblicktest, reichte das schon aus, dich völlig durcheinander zu bringen. Und so steht es mit allem, wovor wir uns fürchten; der kleinste Anhaltspunkt reicht, Furcht auszulösen, und die nachfolgende Gefühlslawine versperrt uns den Blick auf die Wirklichkeit.

Was dein Gedankenspiel über Träumen und Wachen betrifft: Eines Tages wirst du wahrhaftig wach sein und bemerken, ohne daß es dich groß kümmert, daß das, was du jetzt in Traum und Wirklichkeit spaltest, nichts ist als das Drama, das du selbst veranstaltest, in dem du alle Rollen spielst, die Bühnenbauten vornimmst und außerdem noch Regie führst. Erst wenn du wirklich erwachst, erkennst du stets erneut das Wesen des wahren Spiels und lebst inmitten seines tiefen Geheimnisses.

Es gibt ein meditatives Spiel, das dir helfen kann zu sehen, inwiefern du dir selbst im Wege stehst, wie du dir mit deiner Einstellung das Leben schwer machst. Wenn du dich unwohl in einer Situation fühlst – und in jeder anderen Situation natürlich auch, schau dir an, was du gerade denkst. Wenn dir klar ist, was du da gerade denkst und empfindest, frage dich, wie die Gedanken lauten, die du da innerlich aussprichst. Und schließlich – darum geht es eigentlich –, versuche herauszufinden, mit wem du da eigentlich sprichst . . .

So, genug der Worte, probier das Spiel aus, wenn du möchtest. Inzwischen werde ich jetzt für unser leibliches Wohl sorgen!« Und sie begann zu kochen.

Ich schaute ihr zu; sie hatte alles schon vorbereitet und setzte die Suppe an, schnitt große Scheiben Brot ab und deckte den Tisch. Die präzise Anmut ihrer Bewegungen hielt mich im Bann. Es war, als machte sie keinen Handgriff mehr als notwendig, und dennoch hatte jeder seine eigene Eleganz, so als wäre das Ganze ein intimes Gespräch mit Feuer und Kessel, mit Kochlöffel und Geschirr.

Bevor wir zu essen begannen, sie hatte uns beiden aufgeschöpft, ließ sie einige Minuten eine tiefe Stille wie einen Segen über den Tisch und uns walten. Und, es schmeckte vorzüglich!

Später zeigte sie mir, wo ich mich betten konnte und sagte, ich solle nicht auf sie warten, sie würde in den Wald gehen, denn sie hätte dort noch etwas zu tun.

Ich setzte mich ein wenig hinaus auf die Bank in den Mondschein und ließ den Tag noch einmal vorüberziehen, bevor ich mich zur Ruhe legte.

KAPITEL 5

Der nächste Morgen und auch der übernächste, die erste Woche und auch die zweite, zogen ins Land, und der Tagesablauf war fast identisch: Früh aufstehen – Rabia war immer als erste wach, jedenfalls weckte sie mich zumeist, und ich hatte sie in all der Zeit noch nie schlafend gesehen, ein kurzes Bad im Bach unweit der Hütte, dessen Kälte einem den letzten Rest Schläfrigkeit unbarmherzig aus den Knochen jagte, ein gutes Frühstück, dunkles, selbstgebackenes Brot, das wir jeden zweiten bis dritten Abend buken und in die Kühle der Nacht hinausstellten. Dann räumte ich die Hütte auf, bis alles blitzblank strahlte, während Rabia sich im Garten zu schaffen machte.

Wenn ich mit dem Aufräumen der Hütte fertig war, ging ich hinaus Holz suchen und hacken, während Rabia unser Mittagsmahl kochte, dessen, auf einfache Zutaten begründetes, schmackhaftes Raffinement selbst dem Chefkoch eines Dreisterne-Restaurants den Mund wäßrig machen würde. Danach eine Mittagspause, in der ich mich zumeist in der näheren Umgebung umhertrieb, mal hier auf einer Moosbank den Sonnenschein genießend, mal dort dem emsigen Treiben der Käfer zuschauend, mal mit Kieseln Mosaiken am Bachufer legend: Mandalas aus grauen, braunen, weißen und vielfarbig melierten Steinen, mal dösend dem fröhlichen Gezwitscher der Vögel lauschend. Nachmittags war ich dann damit beschäftigt, ein mit Sträuchern überwuchertes Stück Waldboden neben dem Garten zu roden und urbar zu machen, denn Rabia wollte schon bald ihren derzeitigen Garten dem »freien Lauf der elementaren Naturkräfte«, wie sie es ausdrückte, wieder übergeben. Zuletzt aßen wir zu Abend, zumeist eine Suppe oder etwas gedünstetes Gemüse mit Brot und, wie

schon am ersten Abend, sagte sie mir, sie ginge nun in den Wald, um Aufgaben zu erledigen, bei denen ich derzeit noch nicht zugegen sein durfte, und ich solle mich zur Ruhe legen, sowie mir danach sei.

In dieser ganzen Zeit redete sie nie mehr mit mir wie am ersten Tag, an dem sie mir so vieles erklärt und erläutert hatte. Wenn sie etwas sagte, dann ging es lediglich um Rezepte, den Gemüseanbau, wie die Beete am einfachsten und besten zu bestellen seien, wo im Wald derzeit am meisten Holz läge und dergleichen Alltäglichkeiten mehr. Jedesmal, wenn ich meine Lehre bei ihr, den Drachen, meine oder ihre Vergangenheit und ähnliches mehr ansprach, winkte sie ab: Es sei jetzt nicht genügend Zeit, das Thema entsprechend zu erörtern, oder ob mir denn nichts Interessanteres einfiele, oder aber sie verhielt sich schlicht, als hätte sie mich nicht gehört.

Nach zwei oder drei Wochen, wie lange es so ging, weiß ich nicht mehr genau, denn die Zeit schien hier anders zu verlaufen, als ich es bisher gekannt hatte, so als ginge alles viel langsamer und dennoch, als wäre jeder Tag im Nu vergangen, nach einiger Zeit also, wurde meine Ungeduld immer brennender und in meinen Mittagspausen, aber vor allem am Abend, wenn ich, wie es mir zur Gewohnheit geworden war, auf der Bank saß und den Tag mit all seinen Begebenheiten an mir vorüberziehen ließ, umschwirrten mich die Gedanken ob der Sinnlosigkeit meines Aufenthalts bei Rabia immer eindringlicher: *Sie benutzt mich nur als billigen Haussklaven und außer jener ersten Lektion hat sie nichts auf Lager. Es ist doch keine Lehre, wenn man dauernd nur so alltägliche Dinge macht.* Aber auch Zweifel an mir selbst rührten sich: *Vielleicht bin ich nicht reif für das, was sie mir eigentlich geben will. Vielleicht sieht sie, daß ich nicht das Zeug dazu habe, dem Drachen gegenüberzutreten, und sie hält mich um meinetwillen davon ab, etwas in diese Richtung zu unternehmen.*

Ich bewunderte immer wieder die mühelose Eleganz, die sie in allen ihren Tätigkeiten an den Tag legte und schaute ihr bisweilen wie bezaubert zu, bis ich mich jeweils selbst bei diesem »*Gaffen*«, wie ich es insgeheim zu beurteilen geneigt war, ertappte und mich schnell wieder meiner Arbeit zuwandte.

Dieses Hin und Her zwischen Faszination und Zweifel, zwischen der stetig wachsenden Zuneigung zu ihrer Person und meiner Besorgnis über ihre oder meine Unfähigkeit, dem eigentlichen Zweck meines Aufenthalts bei ihr gerecht zu werden, bereitete mir immer größere Schwierigkeiten. Ich konnte mich immer weniger auf das konzentrieren, was ich gerade tat, eine dauernd anwach-

sende Fahrigkeit hatte sich meiner bemächtigt; ich machte immer mehr Fehler, die sie zumeist nur mit einem kurzen Blick rügte, bisweilen aber auch, indem sie sich über mich und mein scheinbar fehlendes Durchhaltevermögen, meine geistige Abwesenheit und meinen Hang zur Disziplinlosigkeit mokierte: »... und du möchtest was über Drachen lernen und wirst noch nicht mal mit der kleinsten *Echse* fertig!«

Ich wurde auch immer neugieriger, was sie wohl des Nachts im Walde trieb und ging ihr schließlich einmal, unbemerkt wie ich zunächst meinte, nach. Ich hatte mit Bedacht eine Nacht gewählt, an der das Licht des Mondes ausreichen würde, den Weg zurück zur Hütte zu finden und es mir erlaubte, sie solange wie möglich im Auge zu behalten, ohne ihr zu nahe zu kommen.

Anfangs schien sie geradewegs auf ein Ziel zuzusteuern und lief mehr oder weniger, den Wildwechseln folgend, immer geradeaus. Nach einiger Zeit jedoch schien sie Haken zu schlagen, lief zwanzig Meter nach rechts, fünf Schritte nach vorn, sieben Meter nach links, blieb längere Zeit mit der Stirn an einen Baum gelehnt stehen, lief zwei Schritte rückwärts, nahm einen Ast in die Hand und ließ sich ein wenig an ihm hängen, setzte sich hin, schien dann am Waldboden zu schnüffeln, etwas Kleines mit der Hand auszugraben, betrachtete es mit Bedacht eine Weile und steckte es anschließend in die Tasche. Nun stand sie auf und begann rückwärts zu laufen. Dadurch war es mir auf Dauer nicht mehr möglich, ihr weiter zu folgen, denn ich mußte befürchten, daß sie mich sehen konnte, wenn ich, was unvermeidlich war, aus der Deckung kam, um schnell eine neue zu suchen.

Am darauffolgenden Morgen war ich ziemlich müde, und sie verspottete mich und fragte, ob ich denn heimlich eine Liebhaberin gefunden habe, mit der ich die Nacht wohl nicht schlafend verbracht hätte. Ich schüttelte, heftig errötend, das Haupt. Da fragte sie: »Du bist aber doch einer schönen Frau nachgestiegen, oder?«

Ich wußte nichts zu antworten, denn wenn ich Ja gesagt hätte, würde sie nachfragen, und ich müßte ihr meine nächtliche Verfolgungsjagd beichten. Nein konnte ich nicht sagen, denn bei allem, was mir heilig war, ich wollte sie nicht belügen, da sie das gewiß durchschauen würde. Ich sagte nichts und schlug die Augen nieder.

»Mein Freund«, sagte sie mit warmer Stimme und machte so meine Verlegenheit noch größer, »mein lieber Freund, vor mir brauchst du keine Geheim-

nisse zu haben. Es ist klar zu sehen, daß du von Tag zu Tag unzufriedener wirst. Das liegt daran, daß du die erste Lektion, von der du meinst, du hättest sie gelernt, kaum in die Praxis bringst. Du wüßtest sonst, daß es nicht wichtig ist, *was* du tust, sondern *wie* du es tust! Wäre es dir klar geworden, was die Quelle deiner Unzufriedenheit ist, dann würdest du die Gelegenheit genutzt haben, dir diese Empfindung aus nächster Nähe anzuschauen, und dann hättest du vielleicht auch entdeckt, daß sie eine Kraft ist, die – wie alle anderen auch – deine Aufmerksamkeit schärfen und deine Wahrnehmungsfähigkeit vertiefen kann.

Statt dessen hast du dich von deiner Verdrossenheit motivieren lassen und bist sogar soweit gegangen, mir heimlich nachzuschleichen, aus Neugier natürlich, aber auch in der Hoffnung, etwas zu finden, was ich dir so nicht gebe. Aber ich kann es dir deshalb nicht geben, weil du es einfach noch nicht wahrnehmen kannst, zumal du nur dich selbst, deine Gedanken, Gefühle und Phantasien siehst. Du weißt – aber bist eben noch nicht durchdrungen von der Tatsache, daß, wer nur sich und seine Vorstellungen sieht, blind und taub ist für alle Signale und Lektionen, für alle Energien, die ihn dennoch umgeben und nur darauf warten, daß man sich ihnen öffnet und sich ihrer, statt sich seiner selbst, bewußt ist.

Ja, es mag dich überraschen, aber natürlich weiß ich, daß du mir nachgeschlichen bist, denn ich bin weder blind noch taub. Ich bin rückwärts gegangen, um dich loszuwerden, nicht, weil deine Gegenwart mir erst in dem Moment bewußt wurde.«

Ich war beschämt, aber mußte zugeben, daß sie völlig recht hatte. Würde ich es jemals lernen, meinen Verstand zu gebrauchen, statt mich von ihm gebrauchen zu lassen?

»Heute werde ich dir einige Übungen zeigen, die dir helfen können, eine andere Sichtweise zu bekommen, wenn du sie regelmäßig anwendest. Sie werden Drachenkämpferübungen genannt, weil sie dir helfen, dich mit allen uns umgebenden Kräften zu verbinden und du dadurch deiner Essenz erlaubst, sich in deiner Mitte niederzulassen.

Sowie der Drache dich aus deiner Mitte stößt, bist du unweigerlich verloren. Nichts als dein innerstes Wesen, deine Essenz kann es mit ihm aufnehmen, und du mußt lernen, dich von ihr bewegen zu lassen, aus deinem Ursprung zu handeln und zu leben. Erst dann kannst du alle Mittel und Methoden, die ich

dir ansonsten noch beibringen kann, wahrhaftig anwenden. Und, womöglich brauchst du sie dann nicht einmal mehr, denn deine innere Natur weiß spontan in jedem Moment das Richtige zu tun.

Aber das alles wird sich dir in dem Maße zeigen, wie du bereit bist, dich dem innewohnenden Wissen zu überlassen. Mach dir keine Sorgen, es ist wirklich erlernbar, aber du mußt dir alle Mühe geben und achtsam bleiben . . .

Zunächst werde ich dir eine kleine Übung geben, die wir das *Grenzenlose Tor* nennen; denn sie wird dich daran erinnern, daß deine Wahrnehmung im Prinzip grenzenlos ist, sich auch jenseits deines Körpers weit in den Raum erstreckt.

Setz dich zuerst einmal und entspann dich.«

Ich hatte eigentlich jede Menge Fragen, die ich ihr schon die ganze Zeit hatte stellen wollen, aber jetzt war wohl doch nicht der richtige Zeitpunkt dafür. *Endlich lerne ich etwas Konkretes von ihr! Womit ich wirklich etwas anfangen könnte! Ein Was und nicht ein nebelhaftes Wie!*

Auf ihr Geheiß setzte ich mich also bequem in den Sessel, in dem Rabia gewöhnlich saß, wenn sie, was selten genug vorgekommen war, etwas las.

»Schließe deine Augen und lege die Hände, Handfläche nach unten, auf die Oberschenkel.«

Ich fühlte den Stoff der Hose und rieb mit meinen Handflächen einige Male darüber, bis ich die angenehmste Stellung gefunden hatte.

»Ich möchte nun, daß du dir genau anschaust, was zwischen Hand und Bein geschieht. Das kannst du auf mehreren Ebenen tun. Auf der Ebene der Beschreibung: ‚Hand liegt auf Bein‘, oder ‚Wärme‘, ‚Druck‘ usw. auf der Ebene reiner Empfindung, auf der du nicht mehr beschreibst, was da geschieht, und auf einer Ebene, in der dein Empfinden in eine immer mehr sich erweiternde heitere Einheit in eins fließt.

Schau es dir jetzt genau an.«

Meine Hände lagen also auf meinen Beinen, zwar nicht Haut auf Haut, denn ich konnte immer noch das Textil meiner Hose fühlen, aber ich spürte, wie die Wärme meiner Hände in das jeweilige Bein hineinstrahlte, wie der sanfte Druck, der liebevolle Sog der Schwerkraft meine Hände, so schien mir ab und an, ein wenig in meine Oberschenkel hineinragen ließ.

Nachdem ich mir selbst das Geschehen beschrieben, es ausführlichst im Kopf verbal dokumentiert und erläutert hatte, fiel mir ein, daß Rabia mich gebeten hatte, auch auf der Ebene reiner Empfindung zu schauen, was wirklich ge-

schah, was existentiell der Fall war. Es käme mir eigenartig vor zu beschreiben, was ich nun empfand, da ich aufgehört hatte, es in Worte und Begriffe zu fassen. Ich könnte natürlich den Versuch wagen und behaupten, es wäre etwas Fließendes geschehen, eine Energie wäre geströmt, etwas hätte dynamisch vibriert und dergleichen mehr. Aber genau dieses behaupten zu wollen, das Geben von Kommentaren auf das Ereignis, das andauernde Filtern der Wahrnehmung durch das Raster des Begriffsvermögens war ja dasjenige, was ich zu unterlassen suchte. Und, bei Zeit und Weile war mir das auch immer wieder möglich – wobei, wie ich ehrlich zugeben muß, jedesmal wenn ich erkannte: »Oh, jetzt empfinde ich ganz rein«, genau diese Erkenntnis das Ende des reinen Empfindens markierte.

Ich kann Ihnen, lieber Leser, nur empfehlen, es selber einmal zu versuchen.

Und zwei oder drei kurze Momente begann das zu geschehen, was sie »in eins fließen« genannt hatte. Das erschreckte mich jeweils jedoch auf eigenartige Weise in seiner Klarheit, so daß ich innerlich zusammenfuhr und jene Momente dadurch derart kurz waren, daß ich mich hernach zuweilen fragte, ob sie wirklich stattgefunden hatten, oder ob ich mir das einfach, in meiner Gier, Fortschritte auf meinem Wege als Drachenkämpfer zu machen, zurechtgelegt hatte.

Ich kann gegenwärtig, da solche Augenblicke nicht mehr ganz so selten sind wie damals und ich ein neues Verständnis auch meinen Erinnerungen gegenüber habe, nicht mehr so genau sagen, was damals auf der Ebene des »in eins Fließens« für mich geschah und ob sie bereits als Wirklichkeit für mich ersichtlich gewesen ist, oder ob das Empfinden eher meinem Wunschdenken entsprach, mich endlich mal auf eine kosmische Ebene zu erheben. Mehr als eine bloße Ahnung, einen Schimmer am Horizont kann ich damals nicht wahrgenommen haben, denn sonst wäre mir mit Gewißheit vieles erspart geblieben oder ich hätte es zumindest nicht so ernst genommen, wie ich es eben damals nahm.

»Du driftest ab«, sagte Rabia immer wieder, wenn sie bemerkte, daß ich Holterdipolter hinter irgendwelchen Gedanken herschnellte, statt mich, wenigstens versuchsweise – denn immer wieder mußte ich von neuem anfangen – der gestellten Aufgabe zu widmen, einfach mal ein paar Minuten reines Empfinden zu üben.

65

Nachdem ihr meine Schwierigkeiten, mich auf diese Übung einzulassen, offenbar waren, sagte sie: »Du kannst auch auf eine andere Art versuchen, dieses Gespür für begriffsfreies Wahrnehmen zu entwickeln. Suche nach der Grenze zwischen Hand und Bein. Wo fängt das Bein an und hört deine Hand auf, wo genau ist das?

Wenn du meinst, eine Grenze erspürt zu haben, nimm sie unter deine innere Lupe und versuche zu erforschen, wo sie ganz exakt verläuft . . .«

Ich spürte dem Gefühl nach, wie sie empfohlen hatte und merkte immer wieder, daß ich die eigentliche Grenze nicht finden konnte. Ich konnte nicht sagen, wo genau meine Haut endete. Tatsächlich war es mir nach einiger Zeit der Selbsterforschung nicht mehr möglich, herauszufinden, wo genau ich aufhörte, wo genau die Grenze zwischen meinem Handrücken und der ihn umringenden Luft lag. Es begann, mir Spaß zu machen, jegliche Art von Grenze, die ich immer für selbstverständlich gehalten hatte, unter die Lupe zu nehmen: die Grenze zwischen Hand und Arm, Arm und Rumpf, Rumpf und Kopf, Klangquelle und Ton, Luft und Lunge, Zunge und Zähnen und so weiter.

Es muß einem Spaß machen, dann geht es wie von selbst. Von nun an machte ich diese Übung jeden Tag und mein Empfinden verfeinerte sich immer mehr, so daß ich das Gefühl hatte, es entwickele sich eine Art ganzkörperlicher Radar, ein Feld, das den gesamten Körper umgab, wie das Magnetfeld einen Magneten umgibt.

»*Benenne es nicht!*« Diese Devise und »*Wo ist die Grenze?*« erlaubte es mir, immer tiefer auf das Tatsächliche einzugehen, auf das faktisch Gegebene. Was das genau ist, läßt sich natürlich unmöglich beschreiben; nicht weil es mystisch, erhaben, ekstatisch, unkennbar oder besonders spirituell gewesen wäre – das Ganze hatte etwas außerordentlich Gewöhnliches an sich: Mein Verstand ratterte meistens wie das aufgeregte Telexgerät eines Nachrichtendienstes, aber er war nicht mehr andauernd notwendigerweise im Zentrum meiner Aufmerksamkeit, ich hatte etwas Interessanteres gefunden. Nein, nicht deshalb, sondern weil es in der Natur des Versuchs, nichts mehr zu benennen, liegt, daß man es eben auch im Nachhinein nicht richtig beschreiben kann; denn, sowie es wirklich einmal für kürzeste oder kurze Zeit faktisch geschieht, dieses Nicht-Benennen, ist man selber nicht mehr wie gewohnt vorhanden, sondern sozusagen einen Moment lang suspendiert: *Alles ist lebendig, aber es ist niemand mehr vorhanden, der dem Geschehen seine glänzende Nacktheit nimmt.*

Aber es gab auch Tage, und das waren die meisten, an denen es mir absolut nicht gelingen wollte, meine Versucherei und Selbstbespiegelungen soweit aufzugeben, daß ich im Unbekannten aufging.

Rabia lächelte, als ich ihr dieses Kümmernis mitteilte und sagte: »*Benenne es nicht!*« Ich mußte grinsen.

KAPITEL 6

Wieder waren einige Tage ins Land gezogen. Es war ein leicht bewölkter Morgen, einer, der allen Dingen ihre eindeutigen Konturen nimmt. Rabia weckte mich früher als gewöhnlich. »Heute werden wir sehen, ob du wirklich ein wenig weiter gekommen bist mit deinen Übungen. Wir werden ein Stück in den Wald gehen, und ich werde dich zunächst begleiten. Für das, was du heute zu tun hast, brauchst du kein Frühstück, denn ein gefüllter Magen würde dich nur ablenken.«

Ich war recht neugierig und ein wenig aufgeregt: Es schien mir eine Prüfung bevorzustehen. Wir machten uns auf den Weg. Sie zeigte mir viele Bäume, die sie mir beinahe vorstellte, als seien es Bekannte: »Siehst du, wie dort die Buche ihre Äste streckt, als wolle sie den ganzen Wald umarmen«, sagte sie von einem, oder »Schau ihn dir an, diesen Protz, der drückt die ganzen anderen weg«.

Nach ein paar Stunden kamen wir in die ersten Ausläufer der Berge. Bei einer Schlucht, auf deren Grund ein kleiner klarer Bach sprudelte, machten wir halt. und Rabia deutete auf einen Felsvorsprung, etwa auf halber Höhe der südwestlichen Schluchtwand, die sich an dieser Stelle etwa dreißig Meter erhob.

»Dort wirst du hinaufsteigen. Ich möchte, daß du dort bleibst, bis du dir sicher bist, daß du gehen kannst, weil du alles gelernt hast, was es dort für dich zu lernen gibt.«

Ich wußte nicht, was sie meinte und fragte sie, was denn dort für mich von solch großer Wichtigkeit sei.

Sie sagte: »Ich kann dir nur empfehlen, das bisher Gelernte anzuwenden. Dann wird sich dir ganz von selber zeigen, worum es hier geht. Je weniger du im vorhinein weißt, desto besser.« Damit mußte ich mich wohl zufriedengeben.

Wir verabschiedeten uns, ich mit der Sicherheit, die ich allerdings nicht auszudrücken wagte, daß wir uns vielleicht lange Zeit nicht mehr sehen würden. Aber ihr Lächeln sagte mir, meine Sorgen hintanzustellen. Ich kletterte die Kluftwand hinauf. Der Felsvorsprung war nicht allzu groß, aber man konnte es sich auf ihm einrichten. Was mir hier wohl begegnen würde?

Zunächst fühlte ich mich ein in die gegebene Situation, versuchte die genaue Grenze zwischen mir und dem Felsen, auf dem ich saß, zu erspüren. Aber die Übung wollte mir nicht recht gelingen. Meine Unsicherheit, was ich hier eigentlich sollte, mein Magen, der langsam zu knurren begann, das harte Felsgestein, das mich immer wieder zur Änderung meiner Sitzhaltung veranlaßte, dies alles beschäftigte meinen Verstand derart, daß ich mich nicht recht einzustimmen wußte. Ich wurde immer ratloser, aber der geringe Bewegungsraum und die Tatsache, daß sich nichts Besonderes in meiner Umgebung tat, erlaubte es mir nicht, dieser Rastlosigkeit zu entrinnen.

Wo ist die Grenze zwischen mir und meiner Unruhe? versuchte ich nach einer Weile einen neuen Einstieg zu finden, als die Mittagssonne durch die Wolkendecke brach und diese sich langsam aufzulösen begann. Da bemerkte ich schließlich, daß es auch hier keine Grenze gab, daß meine Rastlosigkeit nichts als eine Art kribbelnder Energie war, die mich ständig zur Bewegung trieb. Nun, da ich sah, wie ich mit der Situation umging, ebbte dieses Gefühl langsam ab, und ich erlaubte es mir schon bald, mich genüßlich an der Sonne zu wärmen, die auf mich – ungeachtet meiner Experimente – herabschien. Aber, was sollte ich hier lernen? *Langeweile?*

Da vernahm ich unter mir ein Brummen und Grummeln in der Schlucht. Vorsichtig blickte ich über den Rand der Felsklippe. Ein Bär bummelte gemächlich zottelnd durch das Tal. Der Riese schnüffelte mal hier, mal dort. Als er fast unmittelbar unter mir angekommen war, hielt er inne. Er schaute sich um, als suche er etwas. Da stellte er sich mit einem Mal auf seine Hinterpfoten, richtete sich in voller Glorie auf und sah mich direkt an. Ich erfror innerlich, Aug' in Aug' mit diesem Ungeheuer. Der Bär brummte bedrohlich, so schien es mir. Nur der Abstand gab mir genügend Sicherheit, so daß ich nicht laut aufschrie.

Bären, ab in den Zoo! dachte ich, nun fast schon entrüstet ob dieser Störung meiner Meditationen. Wie würde ich jemals lernen können, was es hier für mich zu lernen gab, wenn solch ein Ungetüm frei herumlief?

69

Das Tier ließ sich wieder auf seine Vorderpranken fallen und zottelte brummend weiter. Nachdem es mit seinen kleinen Augen noch einmal durchdringend zu mir hinaufgeschaut hatte, verschwand es im unteren Teil der Schlucht, dort, wo sie in den Wald mündete. Seufzend vor Erleichterung ließ ich mich an meine felsige Rückenlehne fallen. Trotz allem hatte ich mich ziemlich gefürchtet, wie mir jetzt klar wurde. Ich kannte diese Tiere ja nur aus dem Tierpark, wo mich ihr Auf- und Ablaufen hinter den mit Warnschildern versehenen Gittern immer traurig gestimmt hatte, und aus amerikanischen Trapperfilmen, in denen diese Geschöpfe immer grausig hausen und nur als Pelzvorleger Ruhe geben. Vielleicht war meine Angst unbegründet gewesen, aber ich hatte sie nun einmal gehabt. Jetzt fiel mir ein, daß ich völlig vergessen hatte, *das Grenzenlose Tor* auch auf diese Situation anzuwenden, und ich ärgerte mich über mich selbst. *Wahrscheinlich*, dachte ich, *habe ich hier eine Lektion ungenutzt verpaßt.* Aber wer weiß – ich hatte durchaus noch Hoffnung –, vielleicht war dies ja gar nicht die Lehre, die mir Rabia zugedacht hatte.

Ein Schwarm Raben flog vorüber und erinnerte mich an den Anfang meines Abenteuers in diesem Wald. Wie lange war das nun schon her? Und was alles inzwischen geschehen war! Da kam mir das Bild in den Sinn, daß ich kurze Zeit im Bach gesehen hatte, von meinem Doppelgänger, der auf einer Lichtung lag. Doppelgänger? Oder war ich es am Ende selbst, der dort lag? Ich geriet immer weiter ins Grübeln. Die Ereignisse im Wald liefen noch einmal vor meinem geistigen Auge ab, aber diesmal versuchte ich, mich schrittweise rückzuerinnern: die erste Lektion von Rabia, die mir so stark in die Knochen gefahren war, daß ich beschlossen hatte, bei ihr zu bleiben, davor diese eigenartige, ja schicksalhafte Begegnung mit ihr, bei der sie mich gefangengenommen hatte; der Fuchs Alaya, der mir seine Geschichte erzählte; die Feen, die mir die Zusage, den Drachen zu vertreiben, abgeluchst hatten; das Bad im Bach und meine Kleider, die so geheimnisvoll abhanden gekommen waren und mich erst in dieses Abenteuer verstrickt hatten; die Katze und ihr scheinbar grausames Spiel mit der unschuldigen Echse und schließlich, wie ich mich ganz zu Anfang durch die Büsche in den Wald hineingekämpft hatte.

Aber, Moment mal, da war doch was! Ich hatte mich auf eine Lichtung in einem ganz normalen Wald gelegt! Und wenn ich mich jetzt recht entsann, dann war der Fürstenwald – *ja, so hieß er!* – gar nicht so groß, und von Bergen keine Spur.

Und nun erinnerte ich mich auch, an einem ganz gewöhnlichen Sonntagmorgen meine Wohnung verlassen zu haben, mit der S-Bahn zum Bahnhof Fürstenwald gefahren zu sein und mich am Ende eines wunderschönen Spaziergangs auf eine Lichtung gelegt zu haben. Jetzt war mir auch wieder Rabias Verwunderung gegenwärtig, daß ich nicht wußte, wo ich war, daß ich es jedenfalls einfach alles als gegeben hinnahm. *Träume ich am Ende?* Lag ich eigentlich nur auf einer Lichtung und waren all meine bisherigen Erlebnisse nur die Hirngespinste eines vom Schlaf benebelten Menschen, der sich auf einer Lichtung bettete? Ja, das mußte wohl so sein: *Ich träume!*

Einen Wald wie diesen gibt es in Wirklichkeit gar nicht! Heiterkeit durchflutete mich. Dies war alles nichts als ein Traum, und nun wußte ich es auch!

Aber da hörte ich den Bären wieder. Diesmal über mir und näher als zuvor. Aber ich hatte nun keine Angst mehr. Das Bär war eine Gestalt in meinem Traum! Ich verspürte in mir den Wunsch, ihm zu begegnen und zu sehen, was mir das bringen würde. Ich sprang mehr, als daß ich zu ihm hinauf kletterte. Oben angekommen – man hatte von hier eine schöne Sicht auf den Wald, der sich, hie und da von Lichtungen unterbrochen, erstreckte, soweit das Auge reichte – sahen wir uns beide lange an. Das Tier strahlte eine in sich ruhende Kraft aus, etwas Rundes, Erfülltes.

»Ich weiß, daß dies nur ein Traum ist«, sagte ich schließlich.

»Du irrst dich, mein Freund«, widersprach er mit warmer, tiefer Stimme. »Du weißt es noch nicht mit Sicherheit, sondern denkst lediglich, daß du träumst. Wenn du dieser Welt schon einen Namen geben willst, nenne sie nicht Traumwelt oder Phantasien, sondern nenne sie *Welt der Kraft*. Denn alle Kraft, die du hier entwickelst, alle Einsichten und Energien, mit denen du dich hier wahrhaftig verbindest, stehen dir hernach auch in jeder anderen Welt zur Verfügung. Was du hier lernst, hast du wahrlich gelernt. Es gibt keinen Grund, diese Welt eine Traumwelt zu schimpfen, denn damit verlierst du nur, was du dir aneignen kannst.«

Ich war verblüfft. »Willst du behaupten, daß dies die Wirklichkeit ist? In Wirklichkeit reden Tiere gar nicht!« spielte ich meinen Trumpf aus.

»Mein Freund«, brummte der Bär, »die Realität, die du gerade erlebst, ist genauso wirklich, wie du hier bist, genauso real wie du selbst. Und natürlich reden wir Tiere, nur magst du es in der Welt nicht wahrhaben, die du Realität zu nennen pflegst. Hör gut zu: Ich bin ein Botschafter der Kraft, und alle Kraft besteht

auch darin, anzuerkennen, daß alles, was nicht *gegenwärtig* ist, ein Traum, eine Vorstellung, ein Bild ist. Alles, worauf du dich ganz einläßt, worauf sich dein Wesen einstimmt, was du mit ganzem Herzen aufnimmst und tust, das ist wirklich und alles andere nur ein Traum. Die Kraft, mit der es sich zu verbinden gilt, liegt immer nur in der einzigen Wirklichkeit, die es überhaupt gibt, in der Gegenwart; in deinen Träumen findest du keine Kraft, sondern Ablenkung. Es ist vollkommen egal, in welcher Welt du dich gerade befindest, überall gilt das gleiche: Hör auf zu plappern und stimme dich ein auf das, was *da* ist. Suche nicht nach Bedeutung oder Wert, nach Erklärungen oder Gründen, enthalte dich jeden Kommentars und *öffne die grenzenlosen Tore!*«

Einen Moment lang vollzog ich nicht nur nach, was er mir sagte, sondern ich wandte das Erkannte sofort an, öffnete die Tore, noch während er mit mir sprach. Da wurde mir klar, daß ich bestimmt noch mehr von diesem Botschafter der Kraft lernen konnte.

»Freund Bär«, bat ich ihn, »es gibt in diesen Bergen einen Drachen. Die Feen haben mich gebeten, ihn zu vertreiben, und ich habe gemeint, mich dieser Herausforderung stellen zu müssen. Du bist ein Wesen voller Kraft und kannst mir vielleicht etwas beibringen, was mir helfen kann, diesem feurigen Ungeheuer entgegenzutreten.«

»Ja, das kann ich«, erwiderte er. »Öffne deine Sinne und schau mir zu!« Er richtete sich auf, stellte sich mit seiner ganzen Masse auf die Hinterbeine, streckte seine Vorderpranken leicht nach vorne und neigte den Kopf etwas nach unten. Er sah so aus, als lausche er auf etwas Unhörbares, als lasse er die Kraft der Erde in sich hinein. Langsam drehte er sich im Kreis und verharrte dann einige Augenblicke in der Ausgangsstellung.

»Präge dir dies alles genau ein«, sagte er, »denn ich werde es nicht wiederholen!« Ich stellte mich sofort hin und tat es ihm nach, denn ich weiß, wenn man etwas körperlich nachvollzogen hat, kann man sich bedeutend besser daran erinnern, der Körper selber nimmt es in seine Fasern auf. Mein Handeln schien ihn zu freuen, und er wartete, bis ich, meine Beine leicht gebeugt, die Arme leicht angewinkelt, es ihm nachgetan hatte. Es schien wirklich, als nehme ich Energie aus der Erde auf.

Dann streckte er seine Arme in jede der vier Himmelsrichtungen, machte eine Faust, als greife er etwas und zog die Pranken langsam an seine Brust, als

73

zöge er es zu sich hin. Wieder tat ich es ihm nach und tatsächlich, es verband mich mit der Kraft der Richtungen.

Als nächstes spreizte er die Beine leicht, breitete die Arme aus, die Pranken nach oben, und ließ seinen Kopf in den Nacken fallen, als nähme er eine himmlische Dusche. Und wahrhaftig, es verband einen mit jener Energie, die immer auf uns herniederregnet!

»Wir haben uns jetzt mit der Erde, dem Horizont und dem Himmel verbunden. Nun werde ich dir einige uralte Körperhaltungen beibringen, die dich auf allerlei Ebenen mit der jeweiligen Kraft dieser Dimension verbinden. Die Reihenfolge ist nun nicht mehr wichtig: Führe sie also jeweils so aus, wie du es für richtig empfindest und füge, wenn du dich dazu inspiriert fühlst, jede gewünschte Haltung hinzu.« Er begann eine Reihe Körperstellungen einzunehmen und wartete jedesmal, bis ich es ihm nachgetan hatte. Nach und nach bekam ich immer mehr ein Gefühl für den Bereich, der mit ihnen angesprochen wurde. Es hatte etwas von einem langsam ausgeführten, beinahe gymnastischen Tanz. Mein Atem ging ruhig und in Harmonie mit den Bewegungen, die mein Körper, der sich immer leichter anfühlte, ausführte. Es war, als geriete ich in eine Trance, aber nicht eine, die mich von mir wegführte, sondern mich immer tiefer versenkte in meinen Wesenskern. Auch meine Körperwahrnehmung hatte sich geändert, es war, als durchfließe mich eine Art erfrischendes Licht, das Stück für Stück alles Dumpfe und Dunkle in mir klärte und beseitigte, so daß schließlich eine helle Heiterkeit in mich einzog.

Nachdem die Bewegungen ausgeklungen waren, setzten wir uns wieder. Freund Bär schaute mich durchdringend an. »Deine Augen sind jetzt bedeutend klarer als zuvor. Schließe sie nun und genieße deine Empfindungen, gestatte es den Energien in dir, zur Ruhe zu kommen.«

Während ich dasaß, hatte ich das Gefühl, durchsichtig zu sein, so als säße ich in einem riesigen leeren Raum, in dem jedes Geräusch, jeder Klang, jeder Ton seinen Platz hatte; mir kam es vor, als wären sie alle *in* mir, und ihre Schwingungen resonierten in einer jeweils entsprechenden Stelle meines Körpers: das Vogelgezwitscher in meiner rechten Schulter, das Säuseln der Blätter in meiner Brust, das unstete Rascheln bewegte sich langsam meine Beine empor.

Plötzlich jedoch empfand ich ein unheimliches Rauschen in meiner Bauchmitte. Alles, was gerade eben noch offen gewesen war, zog sich zusammen. Das Brausen wurde immer stärker und rhythmischer, und ich öffnete die Augen.

Der Bär gab ein beruhigendes Brummen von sich, aber dort hinten am Horizont, weit, weit weg, sah ich zum ersten Mal – *den Drachen!* Was ich auf diesen enormen Abstand sehen konnte, war ein Schimmern, so als breche das Sonnenlicht auf Perlmutt. Seine Flügel mußten riesig sein, daß ich ihr Rauschen bis hierher vernehmen konnte. Er flog in Richtung der Berge, und schon kurz darauf konnte ich ihn nicht mehr sehen, obwohl sein Flügelrauschen noch weit länger zu hören und in meiner Magengrube zu spüren war.

»Ich muß zugeben, daß ich beunruhigt bin«, sagte ich dem Bären. »Er muß ja riesig sein, und bei dem Gedanken, ihm gegenüberzutreten, ist mir nicht sonderlich wohl.«

»Der Drache repräsentiert alles, was dich an dir selbst beunruhigt. Er spiegelt, was dir negativ erscheint ins Immense: Jede Abneigung wird zu Haß, jeder unangenehme Gedanke zum wütenden Sturm, jeder Zweifel zu tiefer Schuld. Der Drache braucht dafür nichts zu tun, denn das entspricht seiner Natur als Wesen des Chaos. Deshalb gilt, mein lieber Freund, daß du dich mit all deiner Energie in all das, was du an dir und anderen nicht magst, hineinbegeben mußt und es tief erforschst, denn wenn du das alles durchschaust und das Wesen dieser Schwierigkeiten und Unklarheiten erfaßt hast, macht es dir auch nicht mehr viel aus, wenn sie dir ins Riesenhafte gespiegelt vorgehalten werden.«

Noch lange, nachdem dieser Botschafter der Kraft gegangen war, saß ich dort auf dem von der Schlucht durchbrochenen Hügel und sann dem Geschehenen nach. Ob ich nun träumte oder nicht, alles, was sich ereignete, geschah mit dem Zweck, mir auf meinem Wege weiterzuhelfen, war ein Pfad, der mich mit Gewißheit dazu führen würde, einem Drachen zu begegnen. Ich holte mir vor den Geist, was ich bisher über ihn gelernt hatte. Er war ein unwahrscheinlich altes Wesen, älter vielleicht als die Menschheit an sich, dessen Wissen und Kraft, Weisheit und Macht weit über alles hinausging, was ich mir überhaupt jemals würde vorstellen können, ein Wesen mithin, das mir absolut überlegen war. Wie sollte ich einem solchen Wesen jemals gegenübertreten können oder es gar vertreiben? Das wäre der reinste Übermut, wenn nicht gar Hochmut. *Nein*, befürchtete ich, *weder bin ich hochmütig noch wagemutig genug, um das zu wagen.* Womöglich mußte man ja nur unschuldig und ignorant seiner Macht gegenüber sein, um eine Chance zu haben, solch eine Begegnung zu überleben. Der Fuchs Alaya war übermütig gewesen und hatte zugleich unter dem Schutz seiner Unschuld gestanden, ja, und er hatte auch sehr viel Glück gehabt. Aber ich

wußte bereits zuviel, um mit solch einer Haltung vorzugehen, wußte aber gleichzeitig nicht genug über meine eigenen Schwächen und Ängste, die, wie mir inzwischen überdeutlich war, nicht vom Drachen ins Immense potenziert gespiegelt wurden, sondern man war es selber – ich wußte ja, wie alt und wissend der Drache war und blies daher all diese Eigenschaften auf, um wenigstens geistig an ihn heranreichen zu können.

Wenn sich jemand in meiner Gegenwart aufplustert, so dachte ich, dann mag ich das auch nicht und wehre mich dagegen, oder ich kehre der Person den Rücken. Und der Drache, der schon so unendlich viel in seinem Leben gesehen haben mußte, machte aufgeblasenen Personen wohl eher ein feuriges Ende. Mein Ansatz mußte also sein, alles zu vermeiden, was mich dazu verführen konnte, mich anders zu machen, als ich eigentlich von Moment zu Moment war: einfach ein lebendiger Mensch mit Herz, Seele und Verstand. *Dem Drachen kann man nur mit der nackten Wahrheit dessen, was man in Wirklichkeit ist, entgegentreten.*

Aber, dachte ich, *es gibt noch soviel Unreines, Schuldiges, Ängstliches, Falsches und Ungewisses in mir.* So oft verhielt ich mich nicht nach bestem Wissen und Gewissen, sondern ließ mich von unsauberen Motiven bewegen. Was konnte ich tun, um all das so schnell wie möglich abzulegen, es hinter mir zu lassen, so daß es keinen Griff mehr auf meine Seele hatte und ich wieder allen Wesen mit reinem Herzen gegenübertreten konnte?

KAPITEL 7

Ich stand auf und lief den Hügel hinab. Es war inzwischen später Nachmittag geworden, und die Schatten wurden länger. Wohin sollte ich gehen? Zurück zu Rabias Hütte? Ich sah mich um, denn ich war mir nicht sicher, ob schon alles geschehen war, was diese Gegend mir geben wollte. Diese Einstellung bemerkend, sah ich, daß meine Bereitschaft, mich auf Unbekanntes einzulassen und den Fingerzeig des mir Zufallenden anzunehmen, gewachsen war; ich war offener geworden, und das gefiel mir durchaus. *Bevor ich mich entscheide, wohin ich mich nun wende*, sagte ich mir, *will ich Kraft sammeln und in meiner Mitte ruhen.*

Ich machte noch einmal die Übungen, die der Bär mir beigebracht hatte. Nachdem ich mich so gestärkt hatte, atmete ich noch einige Male mit geschlossenen Augen tief und genüßlich ein und entließ die Luft aus meiner Lunge und mit ihr alle Vorstellungen, was als nächstes zu geschehen hatte.

Als ich meine Augen langsam aufgehen ließ, sah ich dort, wo die Schlucht in den Wald mündete, drei blaue Schmetterlinge in der Nachmittagssonne einen fröhlichen Reigen tanzen, wobei sie langsam in die Schlucht hineindrifteten. Das nahm ich mir als Hinweis zu Herzen und folgte ihnen. Ich warf einen Blick auf die Felszunge, die nun im warmen Abendlicht glühte. Hatte ich nicht erst vor einigen wenigen Stunden dort sitzend furchtsam über den Rand geblickt und einen mir unheimlichen Bären betrachtet? Es kam mir vor, als sei bereits eine Ewigkeit seither vergangen.

Ich machte mir ein Vergnügen daraus, wie ein Bär zu laufen. Da sah ich, nicht weit entfernt, den dunklen Eingang einer Höhle. *Die Höhle meines Freundes, des Bären?* Behutsam und umsichtig näherte ich mich der Öffnung in der mit Efeu

und Farn überwucherten Schluchtwand. Davor stehend, erschloß sich meinem neugierigen Blick ein Felsgang, der sich langsam abwärts neigend in der Dunkelheit verlor. Er war groß und, wie es mir zunächst schien, unbearbeitet, aber kurz hinter dem Eingang steckte in einer Wandhalterung eine brennende Fackel! Scheinbar eine Einladung, mich hineinzubegeben in dieses unterirdische Abenteuer. Zu meinem Erstaunen zeigte sich, daß die Fackelhalterung behauen war und zwar in der Form eines Drachen! Einen deutlicheren Hinweis, in welche Richtung sich mein Weg fortsetzen sollte, konnte ich wohl kaum erwarten. Also nahm ich die Fackel aus dem Rachen des steinernen Drachen und machte mich behutsam auf den Weg, hinein in den Schoß des Berges.

Es ging immer leicht abwärts, und die Luft war angenehm warm und feucht. Der Boden war zwar unregelmäßig, aber es fiel mir dennoch nicht schwer, auf ihm vorwärts zu kommen. Tiefer und tiefer eindringend in das Gefels, sah ich bisweilen eigenartige abstrakte Symbole, die in die Wände eingemeißelt waren: fischgrätartige Muster, Spiralen in allerlei Abmessungen, Kreise, aus denen gezackte Linien hervortraten, Wellenmuster und verschieden geformte Kreuze, aber auch Wörter und Sätze in einer mir fremden Schrift. Wenn ich sie länger betrachtete, was ich bisweilen tat, hatte ich das Gefühl, als läge mir ihre Bedeutung auf der Zunge, so als keime ein längst versunkenes Wissen in mir auf, das ich noch nicht recht fassen konnte.

Nachdem ich längere Zeit gelaufen war, verwundert, wohin mich dieser dunkle Pfad führen würde, mich fragend, wer diese Worte und Symbole wohl eingemeißelt hatte und zu welchem Zweck, machte der Gang einen scharfen Bogen nach links und dann nach rechts, und ich stand jählings vor einer aus dem rohen Gestein ausgemeißelten Pforte. Der Gang nahm ein Ende, und in der etwa fünf Meter hohen und drei Meter breiten Stirnwand befand sich eine kreisrunde Öffnung. Vier der unregelmäßig gezackten Linien teilten die Wand, vom kreisrunden Tor herrührend, die etwa ein Meter über dem Gangboden beginnend einen Durchmesser von ungefähr anderthalb Metern hatte, in fast gleich große Quadranten. In jedem Geviert stand ein Wort in der mir unbekannten Schrift und eines der Symbole, das ich bereits im Gang gesehen hatte. Links oben eine Spirale, rechts unten ein Fischgrätmuster, links unten Wellenlinien und rechts oben ein paar Kreuze.

Ich trat näher an die Wand heran. In der linken Ecke war, wie bereits am Eingang, eine Halterung in der Form eines Drachen, und ich steckte meine Fackel

hinein. Nun, da das Licht die Symbole und Worte von der Seite her streifte, schien sich mir ihr Sinn zu erschließen: Sie deuteten hin auf all die Bereiche, in denen sich der Mensch bewegt. Links unten die Wellenlinien: das Wasser, aus dem wir alle geboren werden, der Ozean potentiellen Lebens. Rechts unten die Fischgrätmuster, mal nach oben, mal nach unten gerichtet: der Geist, der, nach Erkenntnis in das Materielle strebend, auf der Suche nach Wissen abwärts blickt und der, drängend auf Einsicht in das Spirituelle, aufwärts schauend Weisheit erhascht. Rechts oben die Kreuze: Symbol für das Zusammenkommen des horizontalen Wissens und der vertikalen Weisheit. Und abschließend die Spirale: der Weg, der von außen nach innen führend immer tiefer eindringt in den Wesenskern und von innen nach außen strebend die Energie, die auf der inneren Reise gewonnen wurde, wieder der Welt zuführt. Das kreisrunde Loch schließlich: die Öffnung ins ewig Unbekannte, durch die jeder hindurch muß, das Alte, die bereits erkannten Zeichen und Symbole hinter sich lassend.

Eine Weile stand ich zögernd davor. Die Fackel hatte ihre ursprüngliche Flammkraft bereits verloren, und es konnte nicht mehr lange dauern, ehe sie erlöschen würde. Eine weitere Lichtquelle war nicht in Sicht. Es schien, als wirke alles darauf hin, mich durch das kreisrunde Tor in einen neuen Bereich zu drängen, die Welt des bereits Bekannten hinter mir zu lassen. Noch während ich vor der Öffnung stand und zweifelnd in das Dunkel vor mich starrte, erlosch die Fackel langsam, und das warmfeucht samtene Schwarz legte sich um mich, wie ein schwerer Mantel. Mein Atem ging schnell und ich hörte, wie sein Geräusch träge den hinter mir liegenden Gang hinunter hallte. Mein Herz pumpte heftiger als zuvor das Blut durch die Adern, und als ich meinen Atem lautlos und langsam durch den Mund fließen ließ, wie er mochte, schien es, als vernähme ich das tausendfach flüsternde Echo eben meiner Herzschläge, die den Galerien der jetzt unsichtbaren Zeichen entlang dem Ausgang entgegenpochten. *Es dürfte nicht allzu schwer sein, hinauszukommen*, dachte ich. Ich hatte keine Seitengänge gesehen, in die ich mich auf meinem Rückweg hätte verirren können, ich würde mich also wieder hinauf in das Abendlicht vortasten können. Aber ewig würden mich die Vorwürfe darüber begleiten, diese Prüfung meiner inneren Kraft nicht bestanden zu haben. Ich ertastete den unteren Rand der Öffnung und stieg hindurch.

Die Fläche, auf der ich landete, nachdem meine Füße Boden gefunden hatten, lag tiefer, und die Wände und Decken des Ganges oder Raumes, in dem

ich nun stand, mußten weiter entfernt sein, nach dem Widerhall zu urteilen, den meine leiseste Bewegung verursachte. Die Luft war kühler und trockener; ich saugte sie mir in die Lungen und kostete sie mit Nase und Zunge. Sie schien eine energetisierende Wirkung auf meinen Körper und vor allem auf mein Gesichtsvermögen zu haben, denn das anfänglich nur minimal spürbare Prickeln erstreckte sich – bei jedem Ausatmen mehr – durch meinen gesamten Leib. Dadurch konnte ich nach einiger Zeit zwar noch immer nichts sehen, aber dennoch erfaßte ich wie in einer Ahnung den gesamten Raum.

Ich begann vor mich hin zu summen. Der Hall bekräftigte mich in meiner Überzeugung der enormen Ausmaße, die der Raum, in dem ich mich nun befand, haben mußte. Ich versuchte, den resonanten Ton zu finden.

Das hatte ich früher ab und zu in großen Räumen und in Kirchen getan, wenn niemand da war, den ich in Verlegenheit hätte bringen können, oder er mich. Meistens gab es auch einen Ton, der, wenn man ihn gefunden hatte, sich fast von selbst trug, den ausdauerndsten Nachhall hatte und einem ein Gefühl von Unmittelbarkeit gab, ein Klang, der sowohl hier in mir wie dort draußen war, der den ganzen Raum zum Schwingen brachte und dem man, indem man seinen Mund in gewisser Weise zu einem Modulationskörper machte, Obertöne mitgeben konnte. Mit ein wenig Glück konnte man in manchen Räumen – bisweilen mußte man dazu allerdings zuerst den richtigen Standort finden und die rechte Orientierung haben – eine ganze Kaskade spiralender Klänge zuwege bringen.

Nach einer Weile hatte ich den resonanten Ton gefunden. Mich langsam durch den Raum bewegend, mich immer wieder singend behutsam wie in Zeitlupe im Kreise drehend, fand ich den Platz und die Richtung, die die größte Obertonbreite bot. So stehend, das Haupt leicht nach hinten geneigt, intonierte und modulierte ich eine ganze Zeit. Da kam mir der Gedanke, es meinem Körper zu erlauben, aus sich heraus auf die Schwingungen einzugehen, so als würde er sich von der Energie bewegen lassen, die nun im Raum vibrierte. Leicht beugte ich meine Knie, um beweglicher zu sein. Meine Hände kamen langsam empor, als würden sie von Salzwasser aufwärts getragen. Ich war fasziniert von ihrer Selbständigkeit, es war fast, als seien sie Fremde. Mein gesamter Körper geriet in Bewegung, wie Seegras sich in einen Unterwasserstrom schmiegt, sich dem Fluß der Energie mühelos hingebend. Alles wurde zu Ton, zu Musik; mein Leib war nicht mehr diese in Haut gehüllte, von der Schwer-

kraft an die Erde gebundene Materie, als den ich ihn sonst immer wahrnahm. Es war, als löste ich mich auf, als wäre ich selbst ein unendlich resonierender Raum ohne Mittelpunkt. Ströme der Glückseligkeit durchschauerten mich, eine Heiterkeit, die ihresgleichen nicht kannte, erfaßte mich. Ich verlor jedes gewöhnliche Bewußtsein – die Art und Weise, auf die ich mich und die Welt normalerweise betrachte. Ich war hell und klar wie nie zuvor, aber die Helle und Klarheit hatte eigentlich weder was mit mir, mit meiner Innenwelt, noch mit der Außenwelt zu tun, sondern sie war sowohl in mir als um mich herum, und ich war nicht mehr ein Ich, das hell und klar ist, sondern ich war selbst zum grenzenlosen Gewahrsein geworden, zur uferlosen stillen Freude, bewegte mich in einem unendlich vibrierenden Ozean der Töne und umfing ihn dennoch auch. *Transparente Heiterkeit.*

Scheinbar endlos lange befand ich mich in diesem Zustand; man verliert sein Zeitgefühl – jedenfalls dauerte er länger an als je zuvor in meinem Leben, in dem ich bisher lediglich einige kurze Momente dieser Gewahrwerdung erleben durfte. Es währte so lange, daß ich schließlich die endgültige Gewißheit hatte, daß dieser Zustand, dieser Ort der Heiterkeit meine Heimat war.

Irgendwann kam jedoch der Moment, an dem ich mir meiner selbst als ein in der Zeit begrenztes Wesen wieder bewußt wurde. Ich war glücklich und traurig zugleich, glücklich, diese außerordentliche Erfahrung gemacht zu haben, und traurig, wieder zurück in meiner eigenen Haut zu sein. Tränen liefen mir über die Wangen. Meine Hände waren immer noch in der Luft; sie schlossen sich nun zu leichten hohlen Fäusten, sie schienen etwas Unsichtbares, aber eindeutig Spürbares zu umfassen, wie ein lebendiges Tau aus Fasern nachresonierender Klänge. Ich bewegte mich in die Richtung, in der diese Klangfasern zu verlaufen schienen, mein Leib noch immer vibrierend von dem heiteren Rausch der Glückseligkeit, der ihn bis in jede einzelne Zelle hinein durchflutet hatte.

Je länger ich der unsichtbaren Energiefaser folgte, desto mehr schien ich, obwohl ich doch keine Fackel hatte, sehen zu können. Ich sah nun, da ich ihr näher kam, eine weitere Öffnung in einer Wand schimmern, und je mehr ich mich ihr näherte, desto lichter wurde sie. Es war der sanfte, blau phosphoreszierende Glanz eines Ganges, in den ich, meine Hände wieder senkend, hineinlief. Stufen führten mich in einer Spirale hinab bis in einen riesigen ovalen Höhlensaal, in dem sich ein spiegelglatter See erstreckte.

Ich schritt auf die kurze Landzunge hinaus, die ein wenig in ihn hineinragte. Mich umschauend, sah ich, daß dies scheinbar das Ende meines Weges in die Tiefen der Erde war, denn kein Pfad umrundete das Gewässer, und nirgends gab es einen Durchlaß, der mich weiter geführt hätte. Ich drehte mich um, denn ich gedachte kehrtzumachen, mußte jedoch zu meinem Schrecken bemerken, daß mir der Rückweg versperrt war. Der Eingang, durch den ich hergelangt war, war verschwunden! Ich konnte, auch als ich zurücklief, um mich, von einer wachsenden Panik befangen, zu vergewissern, daß mich das schimmernde Licht nicht täuschte, tatsächlich nichts mehr finden, was auf eine Pforte hindeutete. Es war, als wäre ich durch die Wand gegangen und als ließe sie einen nur in einer Richtung passieren. Was nun?

Ratlos setzte ich mich erst einmal hin, den Rücken an die verschwundene Pforte gelehnt, und versuchte, mich zu beruhigen. Mein Herz pochte mächtig, und fast schon war das wunderbare Erlebnis, das gerade eben erst zu Ende gegangen war, vergessen ob der Ausweglosigkeit, in der ich mich befand. Ja, es stimmte, ich hatte auf dem Weg hier hinunter gedacht: *Das ist doch fast zu schön, um wahr zu sein*. Ja, ich hatte gezweifelt und mir überlegt, was die Erfahrung, wenn überhaupt, zu bedeuten hatte, was ich damit anfangen konnte. Sie schien so überwältigend schön und gleichzeitig so nutzlos zu sein. Was konnte man von so einer Erfahrung lernen, außer daß es sie gab, daß es einem Menschen möglich war, über sich selbst hinauszugehen? Ja, es war, wenn ich mich besann, das schönste Ereignis meines gesamten Lebens gewesen, aber es war vorbeigegangen und nun saß ich hier, abgeschnitten von aller Welt, und es gab keinen Weg zurück.

Da wurde mir zu meinem Entsetzen bewußt, daß, während ich über meine Situation nachgegrübelt hatte, der See gestiegen war und noch weiter anstieg. Die Landzunge verschwand langsam, während das Wasser immer näher und näher kam. Rasch begab ich mich zu dem höchstgelegenen Punkt und starrte auf das anschwellende Gewässer, wie das sprichwörtliche Kaninchen auf die Schlange. Die Oberfläche war nun nicht mehr glatt, sondern unheilvoll gekräuselt von chaotischen Wellen. Lautlos und stetig glitt die Flut drohend näher.

Sollte dies das klägliche Ende meines Abenteuers werden: ertrunken im schwellenden Naß im Bauch der Erde? Jetzt erreichte es meine Füße, meine Knie, kurz darauf erfaßte mich das gar nicht so kalte Wasser, und ich begann zu schwimmen, um mein Leben so teuer wie möglich zu verkaufen, und, *wer weiß,*

83

dachte ich verzweifelt, *vielleicht steigt es ja nicht ewig weiter.* Vielleicht gab es ja eine stetig wiederkehrende Ebbe und Flut, und ich konnte mich lange genug über Wasser halten. Es stieg jedoch stetig weiter, und mit der Flut wuchs auch meine Panik.

O Gott, flehte ich, *laß dies nicht das Ende sein!* Die Decke der Grotte kam immer näher! Es war hoffnungslos. Da fiel mir ein, daß dies ja nur ein Traum war, wie ich dem Bären gesagt hatte. Ich wurde jedoch nicht wach, nein, ich war gefangen und würde ertrinken. *Mein Gott, bitte befreie mich aus diesem Alptraum,* betete ich inbrünstig. Aber es gab kein Entrinnen! *Ich will nicht sterben!* Alle Ängste meines Lebens ballten sich in diesem Schrei, als das Wasser die Decke erreichte! Während die letzten Luftblasen aus meinem Mund entwichen, ergab ich mich.

Da breitete sich mein gesamtes Leben vor mir aus, wie eine endlose Landschaft. Alle Menschen, denen ich jemals begegnet war, standen in einem riesigen Kreis um mich herum, und ich erkannte jeden einzelnen und sah sie dennoch alle zugleich. Hinter jedem fächerten sich alle Situationen auf, die ich mit ihnen erlebt hatte, und vor ihnen schimmerten die Gegebenheiten, die hätten sein können, wenn ich ihnen mit größerer Offenheit und Liebe begegnet wäre. Wie ein wunderbarer Teppich aus lebendigem Licht erschien mir all das, was ich nach meinem jeweiligen besten Wissen und Gewissen von ganzem Herzen getan hatte, und wie dunkle Flecken in diesem Muster zeigten sich all jene Halbheiten und Nachlässigkeiten, die ich trotz allem, was mir jeweils bewußt gewesen war, angerichtet hatte. Dennoch war ich weder schuldig noch unschuldig, es war eher wie ein Film, ein Panorama, das sich in seiner Gesamtheit vor mir entfaltete, wie vor einem unbeteiligten Zuschauer, der sich dennoch davon betreffen läßt, aber nicht wirklich betroffen ist.

Über dieser Landschaft meiner Taten und Untaten, meines Tuns und Unterlassens, meiner Weisheit und Ignoranz, meiner Klarheiten und Unklarheiten, Freuden und Ängste, lag wie ein heiterer Glanz strahlend Vergebung, und Vergebung sprach durch die Augen aller Wesen, die ich in meiner Lebenslandschaft sehen konnte. Und auch aus mir jubelte ihnen Vergebung entgegen, wie aus einer Quelle der Barmherzigkeit, die alle Tränen trocknet, weil sie in ihrer Unermeßlichkeit über alles Tun und Lassen hinausgeht.

Sonnenklar zeichnete sich die Absicht, mit der ich in dieses Leben getreten war und was ich daraus gemacht hatte – wo ich ihr gemäß gelebt und wo ich

gefehlt hatte. Und ich sah, daß ich mit meinen Ängsten und Verfehlungen all jene Monster genährt hatte, die nun in einem grauenhaften, fast dämonischen Festzug durch die Landschaft paradierten und den Jubel meiner Seele überschatteten. Sie plusterten sich auf wie Pfauen des Schauderns und schnitten gräßliche Grimassen; mit ungeheuerlicher Freßsucht näherten sie sich mir. Und nun sah ich, – denn alle Furcht war von mir abgefallen, wie die Blätter im Herbst von den Bäumen – ja, ich konnte tatsächlich sehen, daß diese zunächst schrecklichen Ausgeburten der Hölle, als welche sie mir erschienen, nichts weiter waren als die Gebilde meiner phantastischen Schöpferkraft und daß ich sie erschaffen hatte, ihnen selbst ihre Gestalt und ihr Aussehen gegeben hatte, um meine verschämte Unwissenheit, meine unliebsame Ungewißheit, all meine Ängste und erahnten Verfehlungen in ihnen und durch sie vor mir selbst zu verbergen. Diese dämonischen Ungeheuer waren all das, wozu ich *Nein* gesagt hatte, wovon ich mich abgewendet hatte, was ich verdrängen wollte und zwar in solch einer Gestalt, die es mir in der Folge erlaubte, dieses Nein vor mir selbst und anderen zu rechtfertigen, meine Lieblosigkeiten als passend zu empfinden. Sie waren lediglich Projektionen von alledem, wovon ich behauptet hatte: *Nein, das bin ich nicht, das gehört nicht zu mir.* In ihnen lag die ganze Kraft der Verneinung, und diese Energie hatte sie genährt, ihnen immer mehr Macht gegeben und jetzt konfrontierten sie mich mit meiner häßlichen Seite, die ich so gerne im Dunkeln gelassen hätte. Nun, da ich das alles annehmen konnte und einsah, daß ich selbst Autor der Freude wie des Schreckens gewesen war, einen Teppich aus Licht und Schatten, aus Liebe und Leiden geknüpft hatte, um daraus zu lernen, um Bewußtsein zu erzeugen wie ein Alchemist aus seinen Retorten den Stein der Weisen, jetzt, da ich auch diesen meinen Mißgeburten mit der Kraft der Barmherzigkeit ins Angesicht sehen konnte und in ihren Augen das Mysterium meiner selbst erblickte, verwandelte ich die Landschaft und alle Wesen des Lichtes und der Schatten in eine einzige einheitliche und zugleich mannigfaltig vielfältige Gestalt, die gleichzeitig vor mir lag und in mir war, die meine Gesamtheit formte, über die ich jedoch auch hinausreichte. Alles verschmolz in eins und wurde zu einem unendlich liebevollen, sanften, klaren Licht.

Als es dann jedoch wieder entschwand, sah ich einen Körper im Wasser schweben, schaute zu wie ein unterirdischer See strudelnd absank und den Leib durch einen Kanal wirbelnd mit sich riß. Der Sog endete in einer riesigen

Wasserfontäne, die mit gewaltiger Kraft aus einer Felswand sprühte, und mit ihr spie die Erde diesen Körper in einem großen Bogen wieder aus in ein Becken an ihrem Fuße. Ich sah, wie der Körper ans Ufer geschwemmt wurde und dort einen Moment lang reglos lag. Eine Woge der Liebe für jenen Menschen durchflutete mich. Ich ließ mich von ihr erfassen und fand mich in dem Körper wieder, wissend, daß ich es war, daß dieser Leib der meine war und daß ich ihn beleben wollte.

Meine Lungen nahmen einen schmerzlichen Atemzug. Wasser lief aus meinem Mund. Noch ein Atemzug und ein weiterer; langsam schöpfte mein Körper Leben und Kraft.

Ich öffnete die Augen. Zuerst konnte ich nur verschwommene Formen wahrnehmen. Ich wußte nicht, was ich sah, aber nach und nach nahm alles vertraute Gestalt an. *Wasserfall*, sagte ich innerlich und *Felsen, Ufer, Himmel, Bäume.*

Ich richtete mich ein wenig auf. Es war mir, als hätte ich hundert Jahre im Steinbruch gearbeitet, so schmerzte jeder Muskel, in den das Leben wieder Einzug hielt. Mehr kriechend als laufend schleppte ich mich in die unferne Wiese und legte mich in die wärmende Sonne. Ich schlief ein.

Kapitel 8

Es war bereits Abend, als ich aus dem Dämmerzustand, der den Übergang zwischen Unbewußtem und Bewußtsein formt, emportauchend die Augen öffnete. Sofort wurde ich überspült von einer Vielfalt an Farben und Formen.

»Das Menschenkind weilt wieder unter uns, es hat die Kieker auf und sieht doch nichts«, hörte ich eine kichernde Silberstimme flüstern. »Er ist wieder aus dem Bauch der Mutter Erde hervorgekommen. Seht ihn euch an, er ist noch ganz feucht hinter den Ohren«, klang eine andere. Jetzt erkannte ich sie, es war Mathusala und ihr quecksilbriges Völkchen. Ich richtete mich erstaunt auf und setzte mich hin. »Wie klar seine Äugelchen sind, sie funkeln wie die Sterne!« zirzte die kleinste Fee und schlug einen fröhlichen Purzelbaum in der Luft. »Sieht so jemand aus, der Ungeheuer vertreiben will?«

»Laßt ihn doch erst einmal zu sich kommen«, ermahnte Mathusala sie und schaute mich prüfend an. »Das Menschenkind hat gerade eine Reise ins Reich des Todes hinter sich. Ihr müßt ihm ein wenig Ruhe gönnen.« Sie wandte sich nun direkt an mich. »Du mußt entschuldigen, sie sind noch jung und wissen genausowenig über euch Menschen, wie ihr über uns. Weißt du, wir sterben niemals, die meisten von uns kennen noch nicht einmal das Wort. Wenn unsere Zeit gekommen ist und wir uns verwandeln, weil dieser Körper das Fliegen und Festefeiern irgendwann richtig langweilig findet, feiern wir ein letztes Fest zu Ehren der Erdenmutter. Wenn dann alle vor lauter Jubel schier zerbersten, kommt sie zu uns und diejenige, deren Zeit gekommen ist, setzt sich auf ihren Schoß und singt ein letztes Lied, in dem alles, was sie ist und einmal war, zu einer einzigen freudentaumelnden Melodie wird. Am Ende legt Mutter ihre lie-

ben Hände auf sie und webt aus ihrem Lebenslied einen Kokon. Sie hält es vor ihr Herz, und wir tanzen alle durch den Wald bis zur Quelle der Feen. Dort legt sie es in das Erdreich und pflanzt eine Esche darüber. Der Eschenwald ist unsere Heimat und Schule. Einmal alle 729 Monde, wenn die Silberscheibe im Zenit steht, benetzt das Wasser der Quelle die Eiche mit glitzerndem Tau; und wenn dann die Sonne des Morgens aus ihrem Schlummer erwacht und die Tropfen zu sich emporruft, verdichten sie sich im himmlischen Blau und eine Fee wird geboren.«

Während sie so sprach, sah ich, was sie erzählte, vor meinem inneren Auge: ein wunderbarer Kreislauf aus Licht und Wasser, der mich entzückte. Nun verstand ich auch, weshalb ihnen die menschliche Art, sich im Tode zu verwandeln, so schleierhaft sein mußte.

So viele Geschichten handeln von feenhaften Wesen, die mit schelmischer Zauberei den Menschen den Kopf derart verdrehen, daß sie ins Unglück stürzen. Wie sollten diese Wesen aus Licht und Wasser auch verstehen können, mit welcher Tiefe und Macht Wesen aus Seele, Fleisch und Blut zu leiden imstande waren? Waren sie doch ganz unmittelbar mit dem Spiel der Elemente und der Erdenmutter verwebt. Sie schienen untereinander nur zu scherzen, und allein schon ihr Anblick war ein schieres Vergnügen. Wie sollten sie jemals die Ernsthaftigkeit begreifen, mit der wir Menschen dem Leben begegneten, als sei es ein Kampf? Allein der Gedanke mußte ihnen wie etwas Absurdes vorkommen. Kein Wunder, daß sie, wenn sie uns Menschen einmal begegneten, allerlei Schabernack mit uns trieben.

Da sprudelte es spontan aus mir hervor: »Ich würde die Quelle und den Eschenwald, von dem du sprachst, gerne einmal sehen.« Das schien sie gewiß zu belustigen: *Wer will denn schon einen anderen Ort besuchen, wenn der hiesige so lustig ist*, aber sie hatten nichts dagegen einzuwenden.

»Heute ist Vollmond, und unsere Königin hält an der Quelle ein Fest. Du kannst bestimmt verstehen, daß Menschenkinder selten zu Gast kommen. Sei höflich und zuvorkommend und sprech vor allem *nur*, wenn du gefragt wirst, und es wird dir kein Haar gekrümmt werden. Wenn du aber keine Antworten auf ihre Fragen weißt, verwandelt sie dich in ein Tier. Also überleg's dir noch mal gut, ob du wirklich hin willst, denn ihre Fragen sind nicht leicht!«

Ich war mir allerdings ganz sicher, also machten wir uns auf den Weg, und weil ich nicht so schnell war wie sie, schlugen sie unterwegs Purzelbäume, sangen kurzweilige Lieder, flogen mit Vögeln um die Wette, aber achteten immer darauf, daß sie mich nicht zurückließen. Der Mond stand schon hoch am Himmel, als wir uns schließlich der Quelle näherten. Das war ein Wispern und ein Sirren, ein Säuseln und Flirren, und viele lustige Stimmen summten allerlei Lieder. Der Mond und abertausende Glühwürmchen erhellten mit ihrem Schein die Lichtung, in deren Mitte unzählige Feen sich tummelten, purzelten und tanzten. Aus einer kleinen Anhöhe am Rande entsprang die Quelle, und ein Bach schlängelte sich plätschernd quer durch die Lichtung, dem am Eschenwald am anderen Ende entgegen. Die Musik, das Summen, Singen und Gekicher, das Getummel und der Klatsch erklangen wie eine freudige Symphonie unter dem friedlich glänzendem Nachthimmel. Als wir die Lichtung betraten, verebbte sie jedoch langsam, während sich die Menge voll Neugier den Neuankömmlingen und staunend mir zuwandte.

»Wie wagt ihr es, ein Menschenkind zu uns zu führen!« tönte die strenge Stimme der Königin von einem Thron aus schimmerndem Perlmutt herab. Jetzt erst konnte ich sie richtig sehen, ihre Ähnlichkeit mit Rabia war verblüffend! Oder war sie es gar? Ich öffnete schon den Mund, um sie zu fragen, da entsann ich mich Mathusalas Warnung und schwieg.

»Der Berg hat ihn aus dem Schoß der Erdenmutter freigegeben, und als er wach wurde, strahlten seine Augen wie die Plejaden. Und weil er den Wunsch äußerte, die heilige Quelle zu sehen, brachten wir ihn her.«

Die Königin der Feen schien mit dieser Antwort zufrieden zu sein, und sie winkte uns, näher zu treten. Wir setzten uns zu ihrer Rechten auf die Anhöhe ins Gras. Schneeweiße Wesen mit silbernem Haar schöpften Wasser aus der Quelle in Kelche und brachten sie zu uns herauf. Da wandte sich die Königin mir zu. »Bevor du das Wasser der Weissagung trinkst, mußt du mir drei Fragen beantworten, um dich seines Zaubers würdig zu erweisen«, sagte sie. Ich willigte ein.

»Mit welchem Zauber kann man jede Furcht überwinden?« Ich sah mich um. *Die Feen kannten keine Furcht, oder etwa doch?* Sie hatten mich gebeten, den Drachen zu vertreiben. Vielleicht bedeutete das ja, daß sie sich vor ihm fürchteten. *Nein*, beschloß ich, *er war ihnen wahrscheinlich einfach nur lästig bei ihren Späßen.* Auch der Tod – der große Widersacher des Menschengeschlechts – konnte ihnen bestimmt keine Angst einflößen. *Wenn sie sich also nicht fürchteten, welche Antwort würde sie zufriedenstellen?* Ich schaute in den Kelch, den ich in meinen

Händen hielt. Rabias erste Lektion kam mir in den Sinn. »Es gibt keinen Zauber, mit dem man die Furcht überwinden kann«, sagte ich, und ein erstauntes Raunen ging durch die Reihen. »Angst und Furcht sind nur Worte, mit denen die Menschen eine Empfindung beschreiben, die sie lieber nicht hätten, die jedoch zu ihrem Leben gehört, wie die Wellen zu Wasser und Wind. Man braucht sie nicht zu überwinden und deshalb auch keinen Zauber gegen sie. Aber es hilft einem, wenn man weiß, was sie sind: kraftvolle Energien, die einen mit voller Wucht wachrütteln und in die Gegenwart versetzen. Wer das weiß, braucht sich ihrer nicht mehr zu erwehren, denn sie selbst sind der Zauber, der einem hilft.«

»Gut gesprochen«, freute sich die Königin. »Die nächste Frage lautet: Mit welcher Absicht bist du in das Leben getreten?« Diese Frage überraschte mich. Noch vor kurzem hätte ich die Antwort nur erraten können, aber meine Begegnung mit dem Tod und meinem Leben im Schoß der Erde hatte mir gezeigt, was Sinn und Ziel meines hiesigen Lebens war, und so konnte ich ihr freien Herzens antworten.

»Man kann es Liebe nennen, oder transparente Freude, oder auch himmlische Heiterkeit. Es ist meine Absicht, sie in diesem Leben ganz Fleisch werden zu lassen, sie in diesem Leib vollends zu verkörpern, sie wahrscheinlich zu inkarnieren. Und jetzt und hier bin ich, wie immer, dabei, Mittel und Wege zu finden, dieser Absicht immer vollkommener gerecht zu werden.«

»Das ist am Ende die Absicht eines jeden Wesens«, fügte die Feenkönigin hinzu, »und es ist gut, daß du dir dessen bewußt bist. Dieses Wissen um deine Absicht – und du und ich wissen genau, daß es einem nur geschenkt werden kann – wird dir von selbst den Weg weisen, und dein Schicksal wird dir freudig zu Hilfe eilen.

Nun die letzte Frage. Nimm dir soviel Zeit, wie du brauchst, um sie richtig zu beantworten, aber zögere nicht! Zeige mir, wer du bist, bevor du Menschengestalt angenommen hast!«

Ich war auf die schwierigsten Fragen gefaßt, denn ich war mir gewiß, Zugang zu allem Wissen zu haben, daß jemals in Erfahrung gebracht wurde. Ich wußte vielleicht nicht, *wie* ich es wußte, aber *daß* ich es wissen würde, dessen war ich mir gewiß. Ich empfand tief in mir eine Verbindung zu allem, was jemals geschehen war, aber dies war eine Frage, die weit darüber hinaus reichte, und sie verlangte von mir alle Wahrhaftigkeit, derer ich fähig war. Lange Zeit saß ich da,

während es immer stiller in mir wurde. Schließlich sah ich aus dieser Stille heraus, wie meine Hände den Kelch abstellten, mein Körper sich erhob, einige Male tief ein- und ausatmete, drei Schritte nach hinten tat und sich eine Weile zu wiegen begann, wie eine Weide im sanften Morgenwind. Meine Hände hoben sich, bis sie sich vor meinem Herzen trafen, wie im Gebet. Eine Woge der Liebe ob der unendlichen Schönheit dieses Augenblicks und alles dessen, was sich meinen Sinnen auf allen Ebenen darbot, durchfloß mich und fand in dieser Geste passend Gestalt. Ich schloß einen Moment die Augen und verneigte mich in Ehrfurcht vor diesem ewigen Geheimnis der Lebendigkeit des Daseins. Dies getan, begab ich mich wohlgemut wieder an meinen Platz und setzte mich.

Jubel und jauchzende Freude brach aus, und nun erhob sich die Feenkönigin ihrerseits, verneigte sich vor der Menge und uns, die wir neben ihr saßen.

»Wer so spricht, über den freuen wir uns und nehmen ihn gerne in unsere Reihen auf.«

Sie hob den Becher, und wir alle tranken aus unseren kristallenen Kelchen. Kühl rann es mir die Kehle hinab, und eine silbrige Klarheit durchfloß meine Adern. Sie setzte sich wieder. »So bist du nun einer von uns und dennoch ein Mensch«, sagte sie. »Wir preisen uns glücklich, dich bei uns zu haben.«

Sie klatschte in die Hände, und das Fest nahm erneut und noch überschwenglicher als zuvor seinen Lauf.

Als es eine Weile im Gange war, richtete ich meinerseits eine Frage an die Königin der Feen, denn nun war das als Gleicher unter Gleichen wohl auch möglich. »Ihr habt eine große Ähnlichkeit mit einer weisen Frau, die mich unterrichtet hat und die ich von Herzen liebe, Rabia. Ist sie euch bekannt?«

Sie sah mich schmunzelnd an. »Natürlich kenne ich sie, wir hatten den gleichen Vater, aber verschiedene Mütter. Ihre war aus Fleisch und Blut und meine eher unterirdischer Natur, denn sie war eine der ersten Feen und bereits durch 27 Wandlungen gegangen, als sie meinen Vater kennenlernte. Der Strom der Liebe riß alle Schranken, die zwischen den verschiedenartigen Wesen bestehen, nieder und aus ihrer Vereinigung wurde ich geboren. Rabia und ich wuchsen zusammen in den Bergen auf, der Heimat meines Vaters, und wurden dort von ihm auf unsere jeweiligen Lebensaufgaben vorbereitet. Sie als Lehrerin und ich als Seherin derselben Wahrheit. Wir waren unverbrüchlich in unserer Jugend, aber gegenwärtig sehen wir uns nur selten, denn unser Werk nimmt uns

völlig in Beschlag. Ich würde mich allerdings freuen, da du sie ja kennst, wenn du mir von ihr berichten würdest.«

Und so erzählte ich ihr von unserer Begegnung und ihren Lektionen. Auch konnte ich freimütig über meine Liebe zu ihr reden, die mich, als ich noch bei ihr weilte, so sehr in Verlegenheit gebracht hatte, daß ich sie weder ihr noch mir selbst hatte eingestehen können. Sie schien mir derart überlegen zu sein, daß ich mich nicht als ihresgleichen hatte betrachten können. Mahanidi – Weisheit der überall leuchtenden Sonne – die Feenkönigin hörte mir aufmerksam zu, und ihre Art, den verschwiegenen Untertönen zu lauschen, die Klarheit, die das Wasser aus der Quelle in mir verbreitete, und die festliche Stimmung auf der Lichtung, dies alles trug dazu bei, mir ein Gefühl großer Wonne zu geben, in dem keine Verlegenheit das Bekenntnis meiner Liebe zu Rabia hätte stören können. Auch wenn sie jetzt nicht zugegen war, änderte das doch nichts an dem Gefühl der Verbundenheit, das ich verspürte, sowie ich an sie dachte. Diese Liebe, die ich in mir verspürte, war jedoch nicht exklusiv, sie richtete sich nicht auf ein einziges Wesen, sondern ich empfand auch, wie sie nun zwischen mir und Mahanidi zu fließen begann.

Ich hörte auf zu erzählen, und wir schauten uns wortlos tief in die Augen. Eine wohlige Sinnlichkeit durchflutete mich, und auch aus ihren Augen sprach das Leuchten dieser erotischen Energie. Wie Magneten zogen wir uns gegenseitig an, regten uns jedoch zunächst nicht. Die Kraft schwoll immer mehr an, je tiefer wir in das Augenlicht des anderen versanken, bis wir uns schließlich einander in den Armen wiederfanden. Worte können die Süße dieser Erfahrung nicht beschreiben, noch würden die größten Dichter der Welt die grenzenlösende warmsanfte Glückseligkeit, die uns durchwogte, jemals wahrhaft besingen können. Nachdem wir lange Zeit so verblieben waren, ging ein Raunen und erregtes Wispern durch die Reihen der Feen, und wir schauten auf.

Dort am anderen Rand der weiten Wiese stand Rabia, kühn und wunderbar anzuschauen im Licht des untergehenden Mondes und der verbliebenen Glühwürmchen. Unsicherheit durchfuhr meine Glieder, wie ein Krampf des Schreckens. Wie bei einem Dammbruch purzelten durch meinen soeben noch völlig stillen Kopf abertausende Gedanken auf einmal. Ich liebte Mahanidi, ich liebte Rabia, aber das war doch bestimmt nicht richtig. Es waren Schwestern, auch wenn sie nicht die gleiche Mutter hatten. Sie würden eifersüchtig sein, es würde ein Drama geben, befürchtete ich . . . und ich hatte es eingefädelt! Situa-

tionen aus meiner Vergangenheit zogen in einer höhnischen Parade an mir vorbei: *»Wenn du mich wirklich lieben würdest, wäre ich dir genug!«* hörte ich den Chor der Stimmen. *»Ich kann es nicht ertragen, daß du eine andere liebst!«* *»Lieber ein Ende mit Schrecken, als ein Schrecken ohne Ende!«* *»Du bist nie da, wenn ich dich brauche!«* *»Den Alltag verlebst du mit mir, aber all die schönen Sachen machst du mit anderen!«* *»Ich will dich ganz für mich allein haben!«* Eine unendliche Litanei der Angst, verlassen zu werden, der offen ausgetragenen, der verdrängten, der verhüllten Eifersucht, der gebrochenen Herzen, verletzten Seelen, der Schuldzuweisungen spulte sich in mir ab. Ein Spruch, der dies alles zusammenfaßte und mich schon immer begleitete, leuchtete neonfarben vor meinem inneren Auge auf: *»Diejenigen, die ich am meisten liebe, verletze ich gezwungenermaßen am meisten!«* Ich wurde blaß, war wie versteinert, konnte mich nicht bewegen, fühlte mich ertappt bei einem Verbrechen.

»Aber zu lieben ist doch kein Verbrechen!« rief eine Stimme in mir. *»Öffne dein Herz, hab' keine Angst. Laß die Vergangenheit ruhen, sie ist vorbei!«* Ich entspannte mich ein wenig. Tränen flossen mir über die Wangen. Sie waren beide so unendlich schön, ich liebte sie, und ich wollte ihnen doch nicht wehtun!

»Liebe ist stärker als der Tod!« Dieser Gedanke durchzuckte mich plötzlich, meine Gedankenflut hielt inne. Ich war meinem Tod begegnet, nein vielmehr, als ich mich gänzlich aufgegeben hatte in den steinernen Eingeweiden der Erde, war ich meinem Leben begegnet und war anschließend der Meinung, ich sei nunmehr geläutert. So stark war dieses Empfinden gewesen, daß ich die Fragen Mahanidis aus dieser ruhigen inneren Gewißheit hatte beantworten können. Ja, ich hatte gar die Liebe, wie ich meinte, neu entdeckt: Sie war nicht mehr auf Gedeih oder Verderb nur fixiert auf eine einzige Person, sondern hatte sich weiteren Horizonten geöffnet. Ich hatte gedacht, daß meine Liebe zu Rabia nicht geschmälert werden würde durch meine Hingabe, die ich nun auch Mahanidi entgegenbrachte. Und nun stand ich da, versteinert, ertappt, schuldig!

Ich war so sehr mit mir und meinen Befürchtungen beschäftigt, daß ich gar nicht bemerkt hatte, daß Rabia sich zu uns gesellt hatte. Sie stand auf einmal vor mir. Sofort blickte ich schuldbewußt zu Boden. »Wovor fürchtest du dich?« fragte sie.

Kein Wort wollte mir über die Lippen kommen. »Sprich!« ermutigte mich nun Mahanidi. »Was liegt dir auf der Seele?« Ich schaute sie beide flüchtig an, denn mehr ertrug ich einfach nicht. Es war, als läge eine riesige Last auf mir,

als schraubte sich meine Kehle verzweifelt zu. Am liebsten wäre ich an Ort und Stelle in den Boden gesunken oder hätte mich in Rauch aufgelöst.

»Das, Matoschin, ist die Geschichte deines Lebens«, stellte Mahanidi sanft fest. »Hin- und hergeworfen von widersprüchlichen Gedanken, zerrissen zwischen dem, was dein Herz dir eingibt und dein Verstand dir ausreden will, Spielball deiner Hoffnungen und Ängste. Auf vielen Gebieten hast du dies alles bereits hinter dir gelassen, aber hier und jetzt, wo sich dein Wesenskern wahrlich sinnlich erfaßbarer, grenzenlos werdender Liebe gegenübersieht, ballt sich alle Angst in dir zusammen. Die Liebe liefert dich ans Messer der anderen, deren Zu- und Abneigung du nie sicher sein kannst.«

Zweifellos hatte sie recht. Es war in einem Augenaufschlag ersichtlich: Ähnlich wie mich das Wissen ums Geliebtwerden und darum, daß meine Liebe angenommen wurde, in meiner Existenz bestätigte, verleugnete Ablehnung dieselbe. Das Maß, mit dem ich mich selbst bewertete, war im Grunde und vor allen Dingen von der Zuneigung und der Abneigung anderer abhängig. Auf vielen anderen Gebieten war es mir auf meiner Reise bereits gelungen, meine Wahrnehmungen und Gefühle als Mittel zu verwenden, mich immer tiefer mit meiner Quelle, meiner ureigensten Natur in Beziehung zu setzen. Nun aber ging es wirklich ums Ganze, um Sein und Nichtsein. Wer mich achtete, liebte, respektierte, mir Aufmerksamkeit entgegenbrachte, so sah ich nun, bestätigte mich, bekräftigte mein Sein, und wer mich mißachtete, mir zürnte, mich links liegen ließ, oder mir gar mit Abscheu begegnete, schmälerte es, ja, er oder sie gab mir zu verstehen, daß sie mein Nichtsein wollten. *Sein oder Nichtsein,* der Zweifel, der all meinen Kämpfen und Bemühungen zugrundeliegend an meiner Lebensfaser nagte.

Mir war, als fände in den Tiefen meiner Seele eine andauernde Verhandlung statt, die über mein Dasein Gericht hielt und deren Ausgang ungewiß war: *Meine Existenz, ist sie berechtigt oder nicht?* Hier der Ankläger und seine Zeugen, dort die Verteidigung mit den ihren. Geschah in meinem Leben etwas, was die Kläger verwenden konnten, ging es mir schlecht, ich war deprimiert oder verstimmt. Ereignete sich etwas im Sinne meiner Verteidigung, ging es mir gut, war ich froh, bisweilen gar euphorisch.

Als ich beide Lager und ihre Sichtweisen betrachtete, schienen durch all die Stimmen hindurch die meines Vaters und meiner Mutter zu tönen: »Ich glaube, ich bin schwanger«, hörte ich sie unsicher sagen. Durch ihre Augen

erblickte ich das Gesicht meines Vaters und sah, daß er diese Nachricht nicht freudig empfing. Eine Zeit lang saß er da, und ich konnte förmlich sehen, wie er mit sich rang, mit seiner Liebe zu meiner Mutter und der äußerst unsicheren Zukunft, die er befürchtete. »Bist du sicher?« fragte er mit einer Spur von Hoffnung, daß sie sich irrte und es mich nicht gab. *Er hoffte darauf, daß ich nicht existierte!* Eine Welle fürchterlicher Angst durchflutete mich. »Ich glaube schon«, sagte meine Mutter verzagt. Sie wollte mich, sie freute sich auf mich und, obwohl sie, was die Zukunft betraf, nicht sorglos war, spielten ihre Sorgen keine Hauptrolle. Eine Woge der Freude durchbrauste mich. Mein Vater antwortete: »Wie sollen wir das bloß hinkriegen in unserer Lage . . .« – mehr konnte ich nicht hören, denn ich sah in seinen Augen: *Mord! Er dachte wirklich daran, mich umbringen zu lassen!* Eine unerträgliche Furcht durchwütete mich derart, daß es mir das Bewußtsein raubte.

Diese erste Verhandlung über mein Sein oder Nichtsein und meine entsprechende Ohnmacht prägten ein Muster, demgemäß sich die Geschichte meines Lebens weiter entfalten sollte. Und, so schien mir nun, bisher hatte die erstmalige Bewußtlosigkeit, dieses in Ohnmacht fallen, mit der ich auf das Unerträgliche reagiert hatte – daß Menschen, denen ich die reinste Liebe entgegenbrachte, über mein Sein oder Nichtsein verhandelten –, dazu geführt, daß ich nicht die geringste Vermutung hatte über dieses permanent in meiner Seele tagende *»Jüngste Gericht«*.

Nun, da ich jedoch begann, mir dieser Gerichtsverhandlung bewußt zu werden, sah ich auch, daß ein und dieselbe Person manchmal Klage erhob und mich manchmal entlastete. War soeben mein Vater noch der Urahn aller gewesen, die mir meine Existenz streitig machten, so war er kurz darauf auch schon mein Held, der mir bescheinigte, wie fantastisch gut ich war, daß er mich vollends liebte und sich bisweilen für mich und meine Interessen aufopferte. Ich sah, daß sich im Laufe meiner Lebensgeschichte die Fronten zwischen beiden Parteien andauernd bewegten, daß die Waage mal zum Leid und mal zur Freude hin ausschlug und bisweilen auch ausgewogen war zwischen diesen beiden Polen. Aber immer bewegte mich der jeweilige Stand der Verhandlungen in meinem Leben; motiviert, der Verteidigung soviel wie möglich Material und Zeugen zuzuspielen, bekräftigte ich damit auch ungewollt das Gewicht der Gegenargumente und der Glaubwürdigkeit, ja sogar der Berechtigung des Gerichtes insgesamt, das da über mich und mein Schicksal tagte. Obwohl ich also bis-

her nichts von der Verhandlung und ihren Folgen für meine Sichtweise und meine Überzeugungen gewußt hatte, war doch ich es gewesen, der es und seine Bewertungen anerkannte, indem ich im Sinne des jeweiligen Verhandlungsstandes gehandelt hatte.

Aber, nun mußte ich ja nicht mehr so handeln! Das Gericht tagte zwar, und auch wenn es noch bis an mein Lebensende tagen würde, war ich dennoch nicht mehr gezwungen, mich seinen Wertungen gemäß zu verhalten, nicht mehr dazu verdammt, unwissend mich den Klägern zu widersetzen, indem ich die Verteidigung zu stärken suchte! Sicherlich, es galt nicht zu verhindern, daß andere mich ablehnten oder mir liebevoll gesinnt waren, es war nicht einmal wünschenswert, darauf überhaupt einwirken zu wollen, denn damit würde ich ja doch nur die Verhandlung berechtigen. Nein, es galt einfach hinfort dafür zu sorgen, daß ich selbst weder Zuneigung noch Ablehnung überhaupt bewertete. Ich mußte mich ab jetzt darin üben, beides als Kräfte zu betrachten, die ich – noch bevor ich sie bewertend der Anklage oder Verteidigung zuordnete – mir als Energie einverleiben konnte, die ich sozusagen in ihrer Rohform in mich aufnahm. Auf diesem Wege würde ich dieselben Kräfte, die das Gericht belebten, meiner eigenen unmittelbaren Gegenwart zuführen.

Tränen liefen mir über die Wangen, als ich aufschaute und Rabia und Mahanidi sah. Ich konnte sehen, daß sie beide in einem Reich verwurzelt waren, in dem man sich dem Geheimnis der Existenz öffnet, ohne ihm Namen und Form zu geben, in dem es kein Gericht noch Jurisdiktion gibt, wo weder Beweis noch Urteil existiert, wo das *Entweder Oder,* das *Wenn* und *Aber,* das *Sowohl als Auch* ihren Bezugspunkt verloren haben, *wo der Ozean sich in einer einzigen und einmaligen Welle selbst feiert.* Sie hatten die Widersprüchlichkeiten, mit denen das Dasein dem denkenden Wesen entgegentritt, völlig akzeptiert und waren dadurch nicht mehr in ihnen gefangen. Sie lebten ihr Leben aus einer Quelle jenseits aller Dualität. Sie waren wahrhaftig frei. Sie lächelten.

Zu meiner Rechten und Linken kuschelten sie sich im weichen Moos, in das ich mich gelegt hatte, an mich und legten ihre Hände auf mein Herz und meinen Bauch. Unser Atem wurde zu einem Rhythmus, mein Herz zerbarst vor schierer strahlender und ja, auch sinnlicher Liebe. Während eine ungeahnte Glückseligkeit mich durchfloß, vergaß ich mich in unendlicher Klarheit.

Kapitel 9

Ach, daß solch glückseliger Wonne ein Ende gesetzt ist! Auch sie hatten mich schließlich verlassen, sie waren beide entschwunden, hatten mich – gerade war ich wieder zu Sinnen gekommen – allein zurückgelassen und zum Abschied mit ihren süßen Lippen die meinen zärtlich berührt.

Ich weinte. Eingeschlossen in dieser Person, nicht mehr wie von göttlichen Händen getragen, sanft, zart und sinnlich außer mir zu sein! *Was hatte ich getan, was an mir war falsch, was war meine Sünde, daß mir diese unendliche Schönheit wieder genommen wurde?* Und neben dieser tiefen Traurigkeit wellte auch Dankbarkeit empor, Dankbarkeit, derart gesegnet worden zu sein, vom Nektar des Göttlichen getrunken haben zu dürfen. Noch durchwogte der goldene Fluß mich ganz und gar, aber auch sorgenvolle Gedanken forderten Tribut: ich fragte mich, weshalb es mir nicht vergönnt sei, ewiglich in diesen Zustand eingetaucht sein zu dürfen. Und mit diesen Gedanken tauchte meine ganze Welt wieder auf aus der goldenen Flut und begann auf mich zu wirken, all meine Gedanken und Vorstellungen, Hoffnungen und Befürchtungen. Und diese tiefe Trauer, nun wieder Mensch zu sein.

Laß es los, sagte ich mir, *laß es fahren! Mache nichts daraus, füge dem nichts hinzu! Es ist, wie es ist. Du hast ein köstliches Geschenk bekommen, Matoschin, ganz ohne irgendein Verdienst deinerseits. Du hast nichts dafür getan, es zu bekommen und nichts, daß es wieder ging. Was kommt und geht, ist vergänglich: Laß es los!*

Ich erhob mich. Dort auf dem Felsenstuhl, auf dem Mahanidi gethront hatte, lag nun mein Feengewand, eine unscheinbare Schilfflöte und ein Schwert, dessen Scheide von zwei Schlangen, einer goldenen und einer silberne umwunden wurde, wie der Stab des Merkur, das Äskulap, Symbol der Ärzte und Diebe.

Die Augen der silbernen Schlange waren Saphire, die der goldenen Rubine. Der Knauf war mit schwarzen und weißen Lederstreifen umflochten und wurde von einer großen schwarzdurchäderten Perle gekrönt.

Es sollte nun also ernst werden. Sie hatten mir alles hinterlassen, was ich für meine Begegnung mit dem Ungeheuerlichen benötigen würde. Daran gab es nichts zu deuteln. *Meine Lehre war beendet, es war beschlossen, ich war bereit!*

Ich wollte gerade meine Nacktheit mit dem Feengewand bedecken, als ich innehielt. Etwas stimmte nicht. *Ah!* Bevor ich mir das Neue anlegte, war es gut, mich von allem, was gewesen war, zu reinigen, alles Vergangene abzuwaschen.

Ich begab mich zur Feenquelle und stieg in den Bach hinein. Nachdem ich ganz darin untergetaucht war und wieder die Oberfläche durchbrach, überkam mich die Empfindung, nun meine Bestimmung ganz gefunden zu haben. Vielleicht war dies das Gefühl, welches andernorts Berufung genannt wurde. Klar, und der inneren Gewißheit voll, daß nun alles stimmte, daß mein gesamtes bisheriges Leben nichts als eine Vorbereitung auf das nun Eintretende gewesen war, stieg ich aus dem Bach und ließ mich in aller Ruhe von der Morgensonne trocknen.

Ich zog das Schwert aus der Scheide, um die Klinge zu prüfen. Leicht lag es in der Hand. Die Klinge war auf beiden Seiten mit einem Drachen geziert, der auf der einen Seite dem Knauf und auf der anderen der Spitze des Schwertes entgegenstrebte. Es in beide Hände nehmend, grüßte ich die Sonne. Als hätte das Schwert ein eigenes Leben und Wollen und gebe mir ein, was zu tun sei, senkte ich es nun und berührte mit der Spitze den Boden, drehte mich, es weit von mir streckend, im Kreise und lief anschließend gemessenen, aber leichten Schrittes erneut zur Quelle und tauchte es ganz hinein. Der momentanen Eingebung folgend, sagte ich laut: »Ich taufe dich auf den Namen Vajra, Blitz aus heiterem Himmel.« Dann hob ich es gestreckten Armes hoch über mein Haupt, berührte mit der Perle meine Stirn, küßte sie und die Klinge und trieb es schließlich mit einer kraftvollen Gebärde in den Boden zu meinen Füßen. Ich verneigte mich davor, legte die Scheide daneben, nachdem meine Finger liebevoll ihre wunderbare Form gestreichelt hatte.

Nun war ich soweit und streifte das Feengewand über, band mir die Schärpe um, die in das Gewand hineingefaltet und von der gleichen Beschaffenheit war. Ihre burgunderrote Farbe formte einen wunderbaren Kontrast zum Abendblau des Gewandes, das sich über meinen Leib ergoß.

Ich setzte die Flöte an die Lippen. Zu meiner Überraschung quoll eine wunderbare Melodie hervor, ohne daß sich meine Finger bewegten. Die Tonfolge reflektierte meine Empfindungen des Momentes aufs vorzüglichste: Meine Überraschung war ein hüpfendes Tremolo, meine Freude über dieses Zauberinstrument eine fröhliche Kaskade heller Töne, die sich heiter dem Himmel entgegenschwangen, meine Verwunderung, wie dies wohl möglich sei, eine schwebend rätselnde Tonreihe, die mit einem Punkt der Gewißheit endete. Ich war entzückt: *welch ein wunderbares Geschenk!*

Flöte und Scheide steckte ich mir nun in die Schärpe, Flöte rechts, Scheide links, und zog alsdann das Schwert mit beiden Händen langsam aus der Erde: Keine Krume heftete an seiner Klinge. Ich ließ es in die Scheide gleiten. So gerüstet, begab ich mich auf den Weg.

Unterwegs stärkte ich mich immer wieder mit den vielen Beeren, die hier im Überfluß zu wachsen schienen, und so erreichte ich gegen Mittag den Fuß der Berge unweit der Stelle, an dem jener Wasserfall mich aus der Mutter Erde gespien hatte. Ich hörte von weitem sein Wasser in das Bassin prasseln. Nach einer Rast und einem erneuten Bad in der warmen Sonne stieg ich den sanften Hang hinauf, der mich zum bedeutend steileren, felsigen Massiv empor führte. Ich wußte zwar nicht, wo der Drache seine Lagerstätte hatte, ich war mir aber gewiß, ihn zu finden, falls nicht er mich zuvor finden sollte.

Als ich am späten Nachmittag die zerklüfteten Steilhänge erreichte, schaute ich mich nach einem windgeschützten, ebenen Plätzchen um, an dem ich die Nacht verbringen wollte. Da vernahm ich in der Ferne ein Brausen. *Der Drache!* Ich verbarg mich schnell hinter einem Felsen und lugte hervor in Richtung des Getöses am Himmel. Auf mächtigen Schwingen, die vielfarbig in der sich neigenden Sonne erstrahlten, flog ein geschupptes zweiköpfiges Geschöpf mit weitaufgesperrtem Rachen majestätisch auf die Berge zu. Trotz der Entfernung ließen mich seine Ausmaße und scharfen Krallen, die wie polierter Stahl glänzten, erschaudern. Wie um diesen Eindruck zu verstärken, zog das Ungetüm eine Schleife und spähte mit seinen beiden Häuptern in alle Richtungen, bisweilen feurig fauchend, als wolle es jedem möglichen Zuschauer zeigen, in welche Gefahr er sich begab, würde er sich ihm nähern. Ich machte mich so klein wie möglich: Ich war in seinem Reich angelangt! Als meine tastenden Finger mein Schwert erfühlten, bekam ich wieder Mut.

Welch ein Geschöpf! Ja, es war erhaben häßlich und dennoch gleichzeitig von

einer ungeheuren Schönheit: die vielfarbig schimmernden Schwingen wie eine Kreuzung aus Flügeln der Libelle und der Fledermaus, die scharfen stählernen Krallen an jeder der vier schuppengepanzerten blauschwarzen Klauen, die graubläuliche Unterseite seines gesamten Leibes und die Beine voller rötlicher Flecken, wie Pockennarben. Die grünbraune Farbe seines restlichen Panzers, den der Drache der Welt trotzig darbot, war voller spitz zulaufender Wulste. Sein in neun stacheligen Spitzen endender Schwanz war neben dem feuerspeienden Rachen und den scharfen Krallen wohl seine gefährlichste Waffe. Obwohl es mir schauderte und ich am ganzen Leib eine Gänsehaut hatte, war ich dennoch verwundert, nicht von der Lähmung befallen zu sein, die mir von Alaya und anderen prophezeit worden war. Meine Lehrzeit und Erfahrungen hatten wohl doch entsprechend funktioniert.

Er flog in nordwestliche Richtung davon, den höchsten Gipfeln entgegen, und ich krabbelte flugs aus meinem Versteck hervor, um ihm nachzusehen, damit ich nicht unnötig auf der Suche nach ihm durchs Gebirge irren mußte.

Am nächsten Morgen wollte ich mich aufmachen in die Richtung seines Entschwindens. Und so legte ich mich hin, nachdem die Sonne der Nacht gewichen war, um dem morgigen Tag ausgeschlafen begegnen zu können.

KAPITEL 10

Im Morgengrauen des nächsten Tages machte ich mich auf den Weg und fand nach einigen wenigen Meilen einen schmalen Pfad, der mich in die gewünschte Richtung trug. *Wer hatte ihn angelegt und zu welchem Zweck?* Auch hier traf ich die eigenartigen Symbole an, die mir bereits in den unterirdischen Gängen begegnet waren. Je weiter ich dem Pfad folgte, desto leichter wurde mir. Es kam mir vor, als sei er mit der Absicht angelegt worden, aus den wunderschönen Panoramen, die er hier und da bot, Kraft zu schöpfen. Er schlängelte sich, zum Teil in die Felswände hineingehauen, immer tiefer in das Gebirge hinein.

Am späten Nachmittag erreichte ich ein riesiges Felsplateau, an dessen Ende sich eine letzte Bergkuppe auftürmte. *Eine ideale Lagerstätte für einen Drachen.* Überall in der Felsfläche befanden sich tiefe Kratzer, die seine Klauen beim Anflug und Start hinterlassen haben mußten. Am Rande des Plateaus fand ich nach einiger Suche ein Versteck.

Ich harrte der Dinge, die da kommen sollten. Aber es geschah zunächst eine scheinbar unendlich lange Zeit nichts, die am Fortgang der Sonne gemessen jedoch gar nicht solange gedauert haben konnte.

Den ganzen Tag hatte mich die sagenhaft wildschöne Landschaft auf meinem Weg hierhin von den sorgenvollen Gedanken abgelenkt, die mich trotz allem doch immer wieder umsponnen. Aber nun, hier in meinem Versteck, war es mir nicht mehr möglich, sie zu vertreiben. Sicher, ich wußte, daß es keinen anderen Weg für mich gab, als den, der mich hierher geführt hatte. Ich war am Ort meiner Bestimmung angelangt, das litt keinen Zweifel. Hier würde ich ein für allemal mit dem Widersacher konfrontiert werden, und was auch immer ge-

schehen würde, war endgültig. Ich fürchtete mich nicht so sehr vor meinem möglichen Tod, denn ihm war ich ja bereits begegnet, und es hatte sich gezeigt, daß er nicht das Ende, sondern der Anfang einer neuen wunderbaren Entwicklung sein würde; nein, es war die Furcht vor etwas Ungewissem, vor dem unfaßbar Ungeheuerlichen, dem ich ohne jeglichen Zweifel in die Augen blicken mußte, die mir zu schaffen machte.

Nun gut, auch dieser Furcht werde ich mich stellen müssen! dachte ich und kam aus meinem Versteck hervor. Pochenden Herzens stand ich auf dem Plateau in offener Sicht. Als ich die Übungen, die der Bär mir beigebracht hatte, nun ausführte, wurde mir klar, daß auch diese Furcht nichts als eine Energiequelle war. *Alles ist sowieso immer ungewiß!* war der letzte vernehmliche Gedanke, der mich heiter durchfuhr.

Da hörte ich auch schon das Brausen des durch die Lüfte fliegenden Ungeheuers, und auch diesmal war es, als sei das Getöse ein Teil meiner selbst. Ich lief langsam vorwärts – es war, als würde ich gelaufen, bis ich nur noch etwa zwanzig Schritte vom Zentrum des Plateaus entfernt war. Meine Hand bewegte sich zur Scheide und zückte das Schwert, stellte es mit seiner Spitze vor meine Füße auf die Erde. Abwartend ruhten meine Hände auf seinem Knauf. Ich fühlte mich unendlich wach und klar, mein gesamter Leib vibrierte vor Lebendigkeit, während ich nicht den anfliegenden Drachen betrachtete, sondern meine Augen sich auf den fernen, sich rötenden Horizont richteten. Zunächst überflog mich das Ungetüm mit einem ohrenbetäubenden Getön, und die Flammen aus seinen beiden Mäulern leckten rechts und links neben mir den Felsboden. Völlig unberührt stand ich da, und die Stille in mir überragte all meine Gefühle und jeden Gedanken, die ich wie jenen fernen Horizont erblickte, der sich meinen Augen bot. Der Drache flog eine Schleife, landete mit seinen Krallen funkensprühend mit höllischem Kreischen auf dem Plateau und kam etwa fünfzehn Meter entfernt zum Stillstand. Unverwandt blickte ich ihn an. Jetzt erschreckte mich seine Gestalt nicht mehr, weder Schönheit noch Scheußlichkeit hatte noch eine Bedeutung für mich. Das eine Haupt des Drachen lag auf dem Boden, sein anderes betrachtete mich von oben herab. Aus seinen Nüstern kringelte Rauch.

Eine Stimme erklang, nicht aus einem seiner Mäuler, aus denen eine rotschwarz ölige Flüssigkeit triefte, sondern ich hörte sie in meinem eigenen Kopf: »Was willst du, kleiner Mann?«

Statt einer Antwort hob ich das Schwert und deutete mit seiner Spitze auf das am Boden liegende Haupt. Lachen durchbrauste meinen Leib. »Dein Schwert wird dir wenig nutzen, kleiner Mann. Ich bin unsterblich . . . Aber du bist das nicht!«

Das wird sich zeigen, dachte ich und hob das Schwert hoch über mein Haupt, so daß sich die Strahlen der sich neigenden Sonne in ihm fingen und es erglühen ließen. Eine Feuerwand raste auf mich zu. Das Schwert schien jedoch ein unsichtbares Flammenschild um mich geschaffen zu haben, denn obwohl die Flammen mich umtosten, versengte mir kein Haar, es wurde mir nicht einmal richtig heiß. Nun lachte ich meinerseits.

Der Drache kroch ein wenig näher. »Ich sehe einen Kopf, Hände und ein Schwert«, tönte seine Stimme. »Haben dich die Feen geschickt, daß du deinen Leib nicht zeigen kannst?« Erneut umwütete mich das Feuer, ohne mich zu berühren, und er kam ein wenig näher.

Ich blickte zu Boden, sah jedoch gleichwohl, wie seine beiden Häupter mich seitwärts betrachteten.

»Ja«, sagte ich. »Ich wurde hergesandt, und nun werden wir sehen, aus welchem Holz du geschnitzt bist.« Mit einigen raschen Schritten begab ich mich in den Bereich seines rechten Hauptes, sprang, schlug ihm mit der flachen Seite der Klinge auf die Wange, machte lachend eine Rolle seitwärts und stand wieder reglos da, das Schwert hoch über meinem Haupt. Er schnappte nach mir, aber ein rascher Schritt nach hinten genügte und sein Rachen kostete die Leere, wo ich soeben noch gestanden hatte.

Er sah mir in die Augen. »Willst du mit mir kämpfen?«

»Nein«, antwortete ich, »aber du solltest ein wenig Respekt lernen!« Und erneut machte ich eine schnelle Rolle unter seinem rechten Haupt hindurch, einen hohen Satz und schlug ihm nun auf die Wange des linken Hauptes. Zwei Schritte zurück und ich stand still, meine Hände auf dem Knauf des Schwertes gefaltet. Feuer flammte mir entgegen.

»Du verschwendest deinen Atem«, forderte ich ihn heraus. Wieder schnappte er nach mir, und ich tänzelte außer Reichweite.

»Aber ich habe den längeren Atem«, sagte er warnend.

»Das werden wir wohl sehen, wenn es soweit ist«, entgegnete ich.

»So ist es, kleiner Mann.«

Ich tat einige Schritte zurück, denn dem Klang seiner Stimme entnahm ich,

105

daß er etwas vorhatte. Er senkte die beiden Häupter, bis sie auf gleicher Höhe mit meinem waren. Langsam breitete er beide Schwingen aus, bis sie wie das Rad eines Pfaues den gesamten Horizont verdeckten. Die Farben wandelten sich und etwas begann Gestalt anzunehmen, gewann dreidimensionale Tiefe. Die Schwingen wurden zu einer riesigen Leinwand.

Ich sah ein Dorf mit ärmlichen Häusern. Auf den Straßen im sandigen Staub spielten Kinder, schwatzende Frauen standen in kleinen Grüppchen herum, auf einer Bank saßen ein paar alte Leute. Jäh wurde das Treiben vom Geräusch einiger Düsenjäger zerrissen. Kleine Bomben detonierten auf der Straße, und in einem einzigen plötzlichen Augenblick war die friedliche Dorfidylle ein blutiges Chaos zerfetzter Leiber, herzzerreißend schreiender Kinder, wimmernd sterbender Frauen, den letzten Atemzug röchelnder Greise. Ich war tief erschüttert.

Der Drache sah mich unverwandt an. »Deine Brüder und Schwestern«, grummelte er.

Ich nahm die Erschütterung in mich auf, denn mir war sofort klar, daß ich, sowie ich begann, meinen Gefühlen und Gedanken über das Gesehene nachzugehen, verloren war. Es war notwendig, dies alles unbenannt in mich aufzunehmen, denn nur so konnte ich meine Gegenwärtigkeit des Geistes aufrechterhalten, die ich brauchte, um jede Regung der beiden scheinbar ruhigen Drachenköpfe vorausahnend zu parieren.

Die nächste Szene zeigte eine einsame Frau auf der Flucht vor einer Bande maskierter Männer, die, mit Messern und Ketten bewaffnet, hinter ihr herrannten. Was folgte, schockierte mich tief, aber als der Drache eines seiner Häupter bewegte, erwachte ich sofort wieder aus dem Schock zu meiner gegenwärtigen Lage.

»Na, hast du immer noch genügend Atem?« fragte das Ungeheuer spöttisch.

»Das hätte ihn mir beinahe geraubt«, gab ich zu.

Nun sah ich die Szene eines vielleicht vierjährigen Mädchens, das spielend einem Ball hinterherrannte. Er kullerte auf die Straße. Sie rannte hinterher. Ein Auto brauste auf sie zu. »*Halt!*« schrie ich. Das Gefährt erfaßte sie, sie wirbelte bereits blutend durch die Luft. Darauf folgte eine Szene der anderen, in denen sich bis in alle Einzelheiten genau die entsetzliche Realität entfaltete: wie Kinder auf vielfältigste Art und Weise schuldlos und oft grausam den Tod fanden, auf den Straßen der Welt, in Seveso, Bhopal, Tschernobyl; der Drache zeigte

mir alles, ohne Gnade. Mir stockte immer mehr der Atem, ich war wie gelähmt.

»Mein Gott«, stöhnte ich nur. Tränen vollkommener Hilflosigkeit liefen mir über die Wangen. Was auch immer der Drache war und tat, mein eigenes Geschlecht war an Grausamkeiten, die offenbar willig in Kauf genommen, wenn nicht gar willentlich ausgeführt wurden, wohl auch von einem Drachen nicht zu übertreffen.

Oh Gott, es ist entsetzlich! Ich war versteinert und gab mich geschlagen: Dem konnte ich nichts, aber auch nichts entgegensetzen. *Egal*, wenn er mich jetzt töten sollte, es machte nichts mehr aus. Denn mit welchem Recht hätte ich, ein Mensch, dieses Wesen vertreiben oder gar töten sollen? Wenn es überhaupt etwas gab, was vertrieben werden sollte, von diesem Erdboden gelöscht, dann waren es meine Artgenossen, die alles in ihrer grausamen Selbstvernichtung mitzuschleifen drohten.

Ich ließ mein Schwert fallen.

Da gedachte ich meiner Flöte, nahm sie zur Hand und führte sie an die Lippen. Ihr entstieg eine unendlich wehmütige Melodie, in der meine Trauer ob der Ignoranz des Menschengeschlechts, dem unsagbaren Übel, dem meine Artgenossen anheimgefallen waren, dem Unwissen und der Gefühllosigkeit, mit dem sie Tod, Schrecken und tiefes Leid in der gesamten Welt verbreiteten. *Wir, die wir uns die Krone der Schöpfung wähnten, sind – vielleicht gerade weil wir uns dafür halten – zur Seuche geworden.* Unser Selbstbewußtsein, das wir den anderen Geschöpfen voraushaben, nutzen wir seit Anbeginn zur Abgrenzung, zur Auseinandersetzung, zum Krieg gegen andere, zur Unterdrückung und Ausbeutung der anderen Geschöpfe, zur Vergewaltigung der Natur um uns und in uns. Sicher, wir hatten auch Schönheit, Güte und Freude gebracht, aber wie gering im Gegensatz zu dem, was wir zu Tode gemartert haben.

Es war keine Melodie der Verzweiflung, die meiner Flöte entstieg, sondern der tiefen Trauer, die jegliche Hoffnung hinter sich gelassen hat, aber auch jede Enttäuschung. Eine Melodie der Trauer ob der verlorenen Unschuld, jenen Preis, den wir für das Bewußtsein unseres gesonderten Selbst bezahlen mußten – und dem daraus resultierenden Kampf wider die Natur, die uns dieses Bewußtsein gegeben hatte. Aus der Flöte quoll das Lied der Trauer ob der in ihrem Bewußtsein gefangenen Menschheit.

Der Drache, der meine Niederlage zuerst, wie mir schien, spöttisch begrüßt hatte, war tief berührt. Er ließ die Schwingen sinken und wandte schließlich sei-

ne Häupter ab und schaute in die Ferne, wo die bereits untergegangene Sonne den Himmel blutrot färbte. Mein trauriges Lied mündete schließlich in einer tiefen Stille, die alles auslöschte, was noch an Wollen und Wünschen, an Hoffen und Träumen in mir gewesen war.

Ich legte die Flöte auf den Boden neben das Schwert und lief langsam auf den Drachen zu. Er rührte sich nicht. Mit war alles entfallen, was mich jemals getrieben hatte, es gab nichts mehr, was noch irgendeine Wichtigkeit besaß. Ich hatte unendlich scheinende Ekstase und tiefste Furcht gekostet, und nun die Niederlage auch meines letzten Strebens, dem Übel – für das der Drache mir auf meiner Reise zum Symbol geworden war – ein Ende zu bereiten. Nicht der Kampf, die Vertreibung oder der Sieg über den Drachen war meine Bestimmung gewesen, sondern diese letzte Niederlage.

Ich setzte mich dorthin, wo die beiden Hälse in den Drachenkörper mündeten und lehnte mich an seinen Körper. Alles in mir war reglos, war erstorben. Es war alles vorüber, nichts war mir geblieben. Auch der Drache regte sich nicht. Ich fühlte sein riesiges Herz pochen.

Es war bereits sternenhelle Nacht geworden, und der Mondaufgang kündigte sich mit einem silbernen Streifen am Horizont an, da wandte mir der Drache ein Haupt zu, während er mit dem anderen das Naturschauspiel betrachtete.

»Du bist von weit hergekommen, kleiner Mann«, hörte ich seine Stimme in mir, »aus einer anderen Welt, in die du wohl einmal wiederkehren wirst. Alles, was du jemals gemeint hast, was dir einmal wichtig war, hast du hinter dir lassen müssen. All deine hergebrachten Überzeugungen haben dir nicht wirklich weiterhelfen können, und nun hast du hier deine bisher größte Niederlage einstecken müssen und hast das auch getan, ohne Wenn und Aber. Das ehrt dich, und ich erweise dir meinen ganzen Respekt dafür. Du hast nun noch eine letzte Aufgabe zu bewältigen, und ich kann dir nicht raten, wie. Es bleibt ganz dir überlassen.

Dort in jenem Hügel liegt ein Schatz, den ich seit undenklicher Zeit hüte. Er gehört ganz dir, und du kannst damit machen, was dir beliebt, denn in deiner Niederlage hast du dich seiner als würdig erwiesen.«

Ich ging zu dem Hügel, wie er mir gesagt hatte. Eine kleine kupferbeschlagene Tür, auf der ich wiederum diese eigenartigen Zeichen und Symbole fand, die mir schon vielfach begegnet waren, führte in sein Inneres. Die außen so un-

scheinbare Erhebung barg einen immensen Schatz, dessen Wert alles überstieg, was ich jemals gesehen, ja für möglich gehalten hatte. Perlen schimmerten, Gold glänzte und Edelsteine und Diamanten funkelten in dem Licht, das wie Honig aus der goldenen Wand floß. Es verschlug mir den Atem. *Was ich mit diesem Schatz alles würde anfangen können!* Ich setzte mich und schloß die Augen, aber da schwindelte es mir noch mehr, so daß ich sie geschwind wieder öffnete. *Dieser Schatz würde mich zum größten Wohltäter machen, den die Menschheit jemals gekannt hatte!* Vielleicht würde ich ja doch noch alles zum Guten wenden und der Ignoranz meiner Artgenossen Einhalt gebieten können.

Ich stellte mir vor, was ich alles mit den Reichtümern, mit denen der Drache mich bedacht hatte, machen würde: eine Schule gründen, ein liebevolles Internat für all die Waisenkinder, die ihre Eltern hatten verlieren müssen, eine große Lebensgemeinschaft, in der auch all die alten Leute, die in erzwungener Isolation ihren Lebensabend fristen müssen und nur noch ihre Erinnerungen haben, sich als Omas und Opas dieser Kinder würden beteiligen und einen neuen Lebenssinn würden finden können; eine Universität, an der Spezialwissen Nebensache sein und die Ausbildung des ganzen Menschen, der Weisheit wieder zu schätzen weiß, Hauptsache sein würde.

Mit dem Schatz, so dachte ich, *kaufe ich mir ein riesiges Land, eine ganze Insel, auf der ich ein Utopia errichten werde, ein Gemeinwesen, in dem beispielhaft alle Probleme, mit denen die Menschheit behaftet ist, gelöst werden, wo keine rauchenden Schlote die Luft und Abfälle Land und Wasser, wo keine Konkurrenz den Geist verpestet. Es wird eine Welt, in der die Menschen die Natur schätzen, ja, sie bereichern mit ihrer Kreativität und keinerlei Ausbeutung mehr herrscht.* Dieses und noch viel mehr taumelte mir durch den Kopf, überschlug sich förmlich. Dieser Schatz schien mich mit einem Schlag all meiner Ohnmacht zu berauben, es mir zu erlauben, endlich mit Macht wirklich etwas Gutes tun zu können, ein leuchtendes Beispiel zu geben, wie man mit Reichtum umzugehen hatte. Ich war ganz berauscht von meinem Glück, ja, ich stand vor Freude auf und machte ein kleines Tänzchen und ließ mich am Ende gar voller Wonne hineinfallen in das Geschmeide.

Da bemerkte ich plötzlich, wie ich mich selber in meinen Vorstellungen gesehen hatte: ich, der große Gönner, ich, bewundert von den vielen, für meine guten Taten für sie und die ganze Menschheit. Jetzt sah ich mich sitzen in einem angenehmen Häuschen, besser noch, in einer Villa mit Aussicht auf den wei-

ßen Strand und einen immergrünen, wilden Garten; sah, wie die Menschen zu mir kamen und mich um meinen Rat baten, wie ich am runden Tisch saß und meine Projekte vorschlug und alle mir ob meiner Klugheit an den Lippen hingen, wie ich die Projekte weise leitete und die Leute inspirierte, sie zu kreativen Glanzleistungen zum Wohle der Menschheit brachte. Ich sah mich auf Bühnen und Podien stehen, mich im Fernsehen meine Ideen und Projekte zum Wohle der Menschheit verkünden. Ich stand da und wollte für alle nur das Beste, wünschte ihr Glück und Wohlergehen, und ich zeigte es ihnen am Beispiel einer von mir geformten Gemeinschaft. Ich jettete von Hauptstadt zu Hauptstadt, konferierte mit Prominenten aus Politik und Wirtschaft, um ihnen mein Modell zu erläutern.

Mit einem Mal war ich enorm ernüchtert.

Gewiß, riesige finanzielle Ressourcen nahmen mir zunächst das Gefühl der Ohnmacht, das ich in so überwältigender Weise bei meiner Konfrontation mit dem Drachen verspürt hatte. Sicher, die enormen Reichtümer, die mir nun zur Verfügung standen, würden mir eine Menge Ansehen und Achtung verschaffen. Aber mir war unwohl bei der Gewißheit, daß ich mir das alles würde erkauft haben. Hatte sich denn nicht in meinem bisherigen Werdegang gezeigt, daß mein größtes Glück nichts mit Dingen zu tun hatte, weder mit Reichtum noch mit Armut? War es nicht immer so gewesen, daß ich immer erst dann an die Quellen der Kraft und Schönheit oder zu tieferen Einsichten gelangt war, wenn ich alles, was ich bisher vermeintlich besaß, verloren hatte? Würde ich nicht, wie ich soeben am eigenen Rausch bemerkt hatte, den Menschen, denen ich ungefragt materielle Wohlfahrt verpaßte, damit die eigene Kraft rauben, ihnen den Weg versperren, über sich selbst hinauszuwachsen? Wenn mich jemand vor einiger Zeit vor die Wahl gestellt hätte, ein materiell unbesorgtes Leben zu führen oder statt dessen eine Reise ins Ungewisse anzutreten, hätte ich da denn nicht die Sicherheit des Wohlstandes der Ungewißheit einer Reise ins Unbekannte vorgezogen?

All meine Niederlagen erschienen mir in einem anderen Licht und nicht nur meine eigenen, sondern auch die, welche man menschliche Geschichte zu nennen pflegt und die sich mir in meinem Kampf mit dem Drachen in ihrer ganzen fürchterlichen Konsequenz dargestellt hatten. Am Beispiel meines eigenen Lebens sah ich, wie ich immer bestrebt gewesen war, Ungerechtigkeiten, Unvollkommenheiten, Mängel, Ängste, kurz das ganze menschliche Leiden zu besei-

tigen. Aber gerade dieses Bestreben, das Leid zu eliminieren, hielt es auch am Leben: *Indem ich darauf bestand, daß es nicht sein solle, bestätigte ich, daß es war!* Als würde ich darauf bestehen, daß in meinem Garten außer Blumen nichts wachsen solle und mir deshalb immer größere Mühe geben mußte, jegliches andere Wachstum zu unterbinden.

Ich stand vor einem Dilemma: *Wie würde ich, wenn überhaupt, mit meinem unermeßlichen Reichtum den Menschen wirklich helfen können?* Sicherlich, sich wollte das Beste, aber wie konnte ich überhaupt wissen, was das Beste für andere war, wo ich das ja noch nicht einmal für mich selbst wußte? *Und auch, wenn ich für mich Gewißheit habe, wie kann ich sie jemals für einen anderen haben?* Wie oft hatte nicht die wohlgemeinte Hilfe anderer mir aus dem Regen in die Traufe geholfen, wenn er oder sie mich über mein Leid hinweg tröstete und so verhinderte, daß ich die Wurzel meines Leides erfaßt hatte? In meinem ganzen Leben, und auf dieser Reise ganz besonders, hatte sich ja gerade gezeigt, daß immer dann, wenn ich meine eigene Not, mein Leid zutiefst angenommen hatte, beziehungsweise wenn ich mich dieser Annahme nicht mehr hatte erwehren können, daß sich eben diese Tatsache als befreiendes Ereignis entpuppte. Welch eine fürchterliche Einsicht: *Leid ist nachgerade der größte Lehrmeister, den man im Leben hat.* Und welch eine ungeahnte Freude: *Wenn man es als solches akzeptiert hat, ist es kein Leid mehr, sondern Born der Kraft und Schönheit, ja sogar Quell der Liebe.*

Ich verstand, warum Jesus, als ihm Satan in der Wüste als letzte und größte Versuchung die Herrschaft der Welt anbot, abgewinkt hatte. Nicht, weil er sich vor seinem Widersacher hätte verneigen müssen, sondern weil es nichts genützt hätte. Er kam, um der Menschheit einen Weg in sein Reich zu zeigen, und das ist nun einmal nicht von dieser Welt der Dinge, die niemanden, wirklich nützen, sondern zumeist nur ablenken; seine Welt ist die der Herzen, des Himmelreichs in den Seelen der Menschen.

Auf dem Weg hinaus sah ich an der Tür einen wunderbaren goldenen Ring in der Form eines Drachen hängen. Die beiden Mäuler umfaßten eine weiße und eine schwarze Perle. Ich steckte ihn an meinen Zeigefinger und lief wieder hinaus auf die Hochebene zum Drachen und setzte mich neben ihn.

»Ich danke dir«, sagte ich, »für den Schatz und die Lektion, die du mir damit ermöglicht hast. Dieser Ring sei mir Symbol für all das, was ich hier in deinem Reich erfahren habe. Wenn du mir gestattest, lasse ich den Schatz jedoch unter

deiner Obhut, bis zu jener Zeit, da ich Gewißheit habe, wie ich ihn zum Wohle aller Lebewesen einsetzen kann. Ich weiß, daß ich aus mir heraus diese Weisheit nicht habe, wie alles wird es mir offenbart werden müssen; darauf vertraue ich.«

Der Drache war erfreut. »Ich habe auf dich gewartet, lieber Freund, denn seit Anbeginn wußte ich um dich und deine Reise, noch ehe du einen Fuß in dieses Reich gesetzt hattest. Nicht du hast mich gesucht und gefunden, sondern ich habe dich gerufen, und du hattest genügend Intuition, dem Ruf zu folgen. Aber nicht nur dich habe ich gerufen; es werden noch viele kommen und ihre Reise vollbringen. Sie alle sind willkommen.« Er schwieg eine Weile, und wir genossen die tiefe Stille, deren Fülle uns mit ihrer Pracht berührte.

»Nun, am Ende deiner Reise, an der deine Suche und all dein Streben vollbracht ist, kann ich dir sagen, wer ich bin.

Ich zeige mich dir und allen Menschen als Drache, denn in dieser Form könnt ihr mich am einfachsten erfassen. Ich bin geformt durch eine Kraft aus klarem Himmel und tiefer Erde, aus jener Energie, die in sich ruht und dennoch sich in allem bewegt. Als Wesen wurde ich vor unendlich langer Zeit im Weltenraum inmitten der Sterne geboren, als Kind jener Intelligenz, die auch all die anderen Sterne und Planeten, Sonnen und Monde und den Raum selbst ins Leben rief. Auf den Energiepfaden, die den gesamten Kosmos durchwirken, durchkreuzten meine Artgenossen und ich dereinst mit ihnen das Universum. Als wir nach Äonen erwachsen wurden, konnten wir schließlich die Aufgabe annehmen, die unser MutterVater uns erteilt hat, alle Lebewesen und den Atem ihrer Geschichten und Lieder zu hüten.

Dort, wo Wesen sich derart in ihre eigenen Dramen und Epen verstricken, so daß sie die Verbindung zur universellen Energie zu verlieren drohen, die ich den Atem genannt habe, treten wir in der einen oder anderen Form in Erscheinung. Wir schicken uns dann an, der allem innewohnenden Kraft den Weg zurück in den heiteren Himmel der Freiheit offenzuhalten.

Vor langer Zeit bemerkten wir, wie der Planet, den ihr Erde nennt, immer mehr an Leichtigkeit verlor und durch seine immer komplexer werdenden Geschichten an Schwere gewann. Da wußten wir, daß es an der Zeit war, daß einige von uns auf ihm Gestalt annehmen mußten. So kamen etliche aus meinem Geschlecht her, um in der schwierigen Zeit, durch die alle Wesen gehen müssen

– auch die Sonnen und Planeten –, das Tor zum Universum offenzuhalten und den wahren Schatz zu hüten.

Täusche dich nicht, mein Freund, der Schatz, den du gesehen hast, ist ein Symbol für den wahren Reichtum, den ein jeder andauernd in seinem eigenen Herzen bei sich trägt. Es ist dieser Schatz, den ein anderer Drache einmal *die Perle ohne Preis* genannt hat, es ist das Gold, das sich die Alchemisten anschickten, aus dem Blei ihrer Verstrickungen zu destillieren. Und er ist zugleich auch die Versuchung, die letzte Prüfung, die jedem bevorsteht, der meint, sich und seine Welt retten zu können, indem er jedes materielle Leid abschafft. Denn das Leiden der Wesen beruht nicht auf dem, was sie haben, sondern auf dem, was ihnen fehlt: die Verbindung zur universellen Energie. Haben sie diesen Schatz erst einmal wiedergefunden, so werden ihnen auch alle anderen Schätze des Universums nach und nach zufallen.«

Der Drache hielt inne, als spürte er, daß mir eine Frage auf den Lippen brannte. »Aber wie kommt es, daß alle Welt und einst auch ich euch Drachen für menschenfressende Ungeheuer hält und die Feen im Wald mich gebeten haben, dich zu vertreiben?«

Es schien, als grinste der Drache. »Eigenartigerweise haben alle Wesen, die sich in ihren Geschichten verfangen, Angst davor, frei zu sein, denn sie meinen irrtümlicherweise, ohne ihre Geschichte seien sie ein Nichts und Niemand. Sie haben bereits soviel Kraft und Kreativität in ihre Verstrickungen gesteckt, daß sie nicht mehr ohne sie leben wollen. Sie fürchten, sie hätten ohne diese nichts vorzuweisen, sie meinen, sie müssen mit ihrem Tun und Lassen ihre Existenz berechtigen. *Ach, wenn sie nur wüßten, wie unbeschwert ein Nichts und Niemand sich vom Leben, ja vom gesamten Universum getragen weiß!* Wir Drachen sind wie ein Vergrößerungsspiegel all dessen, was die Wesen davon abhält, ihre gesamte Dramatik hinter sich zu lassen. Wir tun das, was sie selbst nicht mehr tun können, weil sie, anstatt in den immer klaren Kristall ihres Geistes zu blicken, mehr oder weniger verzweifelt auf ihre Dramen und Geschichten schauen.

Und sie haben Angst vor uns, weil ihnen intuitiv klar ist, daß uns jedes Mittel recht ist, das es uns erlaubt, ihnen die Unsinnigkeit ihrer Illusionen zu zeigen. Aber wer uns sieht, wie wir wirklich sind, beginnt sich selbst und die Welt so zu sehen wie sie ist: vollkommen!

Als Hüter des Atems ist uns die Aufgabe zugefallen, über die Entwicklung aller Wesen zu wachen und ihnen dabei zu helfen, zu dieser Vollkommenheit zu gelangen. Unsere Hilfe sieht manchmal so aus, als wäre sie eher eine Behinderung, denn wer gefangen ist in seinen Vorstellungen, für den repräsentieren wir das Chaos, das außerhalb seiner Vorstellungswelt liegt.

Das Universum ist wie ein Traum. Wer innerhalb seines Traumes zu dem Gewahrsein erwacht, daß er träumt, dem eröffnet sich eine Welt der Freude und ungeahnter Möglichkeiten. Zumeist erwacht man jedoch in seinem Traum, weil man vor eine unmögliche Situation gestellt wurde, eine unlösbare Aufgabe zu lösen hat oder sich einer unentrinnbaren Katastrophe gegenübersieht. Unsere Aufgabe als Drache ist es, genau solch eine Situation für die Menschen herzustellen, so daß sie ihre Vorstellungen und Gedanken, die sie fälschlicherweise für die Wirklichkeit halten, durchschauen und zum wirklichen Leben, zum *Traum Gottes* erwachen. Je mehr Menschenwesen wir dazu verhelfen können, je mehr Menschen bewußt teilnehmen an dem Einen Traum, eins mit ihm werden und durch ihn leben, desto eher wird dieser Planet wiedergeboren werden und selber zum Drachen werden können, wie auch wir einst zu Drachen wurden.

Jeder Planet, dessen Wesen die Einheit mit dem Ewigen Traum des Daseins verwirklicht haben, ist zum Drachen geworden und zum Hüter des universellen Atems. Und, mein lieber Freund, ich glaube, es wird auf diesem Erdenplaneten nicht mehr sehr lange dauern, bis er und ihr als Ganzes wiedergeboren werdet. Die Geburtswehen der Erde haben bereits begonnen.«

Es war tiefste Nacht als der Drache seine Geschichte beendet hatte. Mir war wunderbar leicht ums Herz, denn während er gesprochen hatte, war mir, als sähe ich alles mit seinen Augen.

Der Drache und ich, wir waren eins; nicht nur jeder für sich Teil einer Geschichte, Teil eines unaussprechlichen Ganzen, Teilnehmer am göttlichen Traum. Wir waren Ausdruck der Einen unaussprechlichen Wahrheit, die jedes Wesen ist, war und immer sein wird.

Ich setzte mich auf seinen Rücken. Ein paar Schläge mit seinen Flügeln, und wir flogen davon, dem Morgen entgegen.

EPILOG

Von Chuang Tsu, einem chinesischen Weisen, der sich vor etwa 1400 Jahren des Lebens erfreute, wird berichtet, er träumte eines Tages, daß er ein flatternder Schmetterling sei, der sich wohl und glücklich fühlte und nichts wußte von Chuang Tsu. Plötzlich wachte er auf: Da war er wieder wirklich und wahrhaftig Chuang Tsu. Er sagte: »Nun weiß ich nicht, ob Chuang Tsu geträumt hat, er sei ein Schmetterling, oder ob der Schmetterling träumte, daß er Chuang Tsu sei, obwohl doch zwischen Chuang Tsu und dem Schmetterling sicher ein Unterschied ist. So also«, fügte er hinzu, »verhält es sich mit der Wandlung der Dinge.«

Nun frage ich mich: »Habe ich Matoschins Reise und Begegnung mit dem Drachen phantasiert und bin nun wieder wirklich und wahrhaftig der Autor, oder sitzt Matoschin gerade auf dem Rücken eines Drachen und stellt sich vor, er säße da und schreibe den Epilog zu einer Geschichte?«

Immer, wenn mir etwas in meinem Leben geschieht, meine ich, dieser oder jener zu sein, setze ich mich mit dem gleich, der das Geschehen erfährt: Mal bin ich der aufmerksame, liebevolle Vater eines Kindes, mal das unausstehliche Ekel, das sein eigenes Unwohlsein an anderen ausläßt, mal bin ich der verständnisvolle, klarsichtige Helfer und Tröster, mal der dumpfe Ignorant, der überheblich andere an die Wand drückt. Es gibt so viele Rollen, die ich zu spielen meine. All diese Rollen spiele ich in Wirklichkeit jedoch lediglich in der Phantasie, in meiner eigenen und/oder in der Vorstellungswelt der anderen.

Bis wir es faktisch und wahrhaftig endgültig durchschaut haben, lebt jeder einzelne im Rahmen seiner oder ihrer Überzeugungen und durch die eigene Vorstellungskraft. Mit dem, was wir für wahr und möglich halten, stecken wir die Grenzen der Welt und unserer selbst. Bisweilen beflügelt uns die Phantasie, und wir halten weit mehr für möglich, als wir dann im nachhinein nüchtern für realistisch halten. Das ist eine weitere Grenze, die zwischen Phantasie und Realität errichtet werden kann. Aber diese Grenze ist außerordentlich fließend; das zeigt beispielhaft ein Spruch, der die anerkannte Realität vor hundert Jahren prägte: *Wenn der Mensch dazu geschaffen wäre zu fliegen, hätte Gott ihm Flügel wachsen lassen.* Und nicht einmal sechzig Jahre später hinterließ ein Mensch Fußabdrücke auf dem Mond.

Es gab eben schon immer Menschen, die anstatt sich mit den gesteckten Grenzen zwischen Vorstellungswelt und Wirklichkeit abzufinden, alles nur Erdenkliche getan haben, diese Demarkationslinien in Richtung der eigenen Vorstellungen zu erweitern. Und es gibt sogar Menschen, die etwas suchen, was noch über diese beiden Bereiche hinausgeht und denen somit die Aufgabe zufällt, über jegliche Begrenztheit hinauszuwachsen, deren Werk es daher ist, das eigene Ich zu transzendieren und im Schrankenlosen sich selbst wiederzuerkennen als das, was sie schon immer waren.

Ich habe mir diese Reise in das Reich des Drachen nicht ausgesucht. Es kam mir oft so vor, als sei die Geschichte schon dagewesen und als hätte ich mich jeweils nur für sie geöffnet. Ich wußte auch nie im vorhinein, was als nächstes geschehen würde, und zumeist flossen mir die Bilder und Sätze erst zu, sowie ich meinen Bleistift aufs Papier setzte. Was in meiner tagtäglichen Wirklichkeit geschah und im Reich der Phantasie, das sich mir eröffnete, hat sich so auf ganz natürlichem Wege zu dieser Geschichte verdichtet und mich selbst in diesem Prozeß verwandelt.

So verhält es sich mit dem Wandel der Dinge, kann ich nun den alten Chinesen bestätigen. Es diesem Wandel zu gestatten, sich im Leben zu entfalten – oder besser gesagt, mich dieser Entfaltung nicht dadurch zu widersetzen, daß ich an meinen bisherigen Einschränkungen und Grenzen festhalte oder dem Geschehen meine Interpretation überstülpe, das ist für mich das schönste Spiel, das ich in meinem Leben spielen kann. So entsteht Raum für das Unbekannte, das Unfaßbare, was über jedes Vorstellungsvermögen hinausgeht, und meine Begegnungen mit Diesem sind das kostbarste, was es für mich gibt.

Das *Tao*, wie die Chinesen dieses Unfaßbare genannt haben, wirkt immer und überall, aber zumeist nehme ich diese Wirkung nicht wahr. Das liegt daran, daß ich zumeist die Brille meiner eigenen Vorstellungen und Überzeugungen aufhabe: Ein Gedanken jagt den anderen, ein Bild folgt auf das vorangegangene, ein Gefühl löst das andere ab, und ich bin fortwährend bewußt oder unbewußt damit beschäftigt, sie in mein Bild der Wirklichkeit einzupassen. Kleine und große Katastrophen haben dabei die Eigenschaft, mich aus dem Lot zu werfen, so daß ich meine *gesamte* Sichtweise an das Geschehen anpassen muß, wenn ich es nicht verdrängen will.

So sind mir meine Niederlagen, das Scheitern meiner Betrachtungsweise der Welt, meiner Mitmenschen und meiner selbst immer wieder ein Segen gewesen, denn ich mußte meine Sichtweise immer wieder erweitern. Inzwischen sehe ich klar, daß es keine richtige Sichtweise gibt, sondern nur jeweils eine eigene, den äußeren Umständen und der inneren Verfassung entsprechende und daß diese laufend Wandlungen unterworfen ist, es sei denn, man hält sich mit aller Macht an einer Überzeugung fest und unterdrückt jeglichen Wandel. Dies wissend, wird es mir immer leichter, Situationen und Umstände aller Art zu nutzen, immer mehr Zugang zu ihrer Energie zu finden und mit dem inneren und äußeren Wandel so zu verfahren wie ein Wellenreiter mit den Wellen. Ein Nebenprodukt dieser Haltung, bei der man immer weniger an Vorstellungen, Menschen und Dingen festhält, sondern stets mehr losläßt, ist ein beharrlich tiefer werdendes Vertrauen in das Universum, in Gott, in das Tao, oder wie man auch jenes allumfassende Wesen, jene alles durchwirkende Energie nennen möchte. Je mehr ich mich dem Gegebenen öffne, desto mehr Raum schaffe ich für die Entfaltung jenes Geheimnisses, das jeden zu erleuchten sich heute anschickt.

Wer mich gegenwärtig fragt, was ich mache, dem antworte ich, daß ich Landeplätze für Drachen baue, Freiräume in den Seelen der Menschen, auf denen Drachen, jene Wesen der Weisheit und Kraft, landen können und sich ihre Natur der unseren mitteilen kann.

BERLIN, im November 1990

119

ANHANG

Übungen für »Drachenkämpfer«

Die Übungen, die ich Ihnen hier noch einmal nahebringen möchte, sind alle in der einen oder anderen Form bereits im Text vorhanden. Hier sollen sie noch einmal, losgelöst von der Reise, als »trockener Stoff« präsentiert werden, um Ihnen die Anwendung – wenn gewünscht – zu erleichtern. Und, ich möchte an dieser Stelle einmal besonders darauf hinweisen, daß, auch wenn die Übungen bei der allererssten Anwendung bereits eine Wirkung zeigen, sie ihre Kraft im Alltagsleben erst richtig entfalten können, wenn sie immer wieder angewendet werden und zwar regelmäßig.

Das oberste Gebot bei allen Übungen, die Sie machen, soll aber immer bleiben: Es muß Ihnen Spaß machen, es muß Ihnen gefallen, auf Ihrem Weg weiterzukommen! Ich selbst habe sehr, sehr oft von neuem angefangen und dabei viel über mich gelernt.

Nun aber ans Werk!

1. ENTSPANNUNGSÜBUNG

Diese Übung kann Ihnen ganz unmittelbar vermitteln, inwiefern Sie selbst verantwortlich sind für Ihre Vorstellungen und Überzeugungen.

Entspannen Sie sich – nutzen Sie dazu eventuell die Entspannungsübung aus der einleitenden Phantasiereise.

Wenn Sie ganz entspannt sind, stellen Sie sich vor, wie es wäre, wenn all Ihre Wünsche in Erfüllung gegangen wären. Nutzen Sie dazu eventuell »den schönsten Ort, den Sie sich vorstellen können« aus der einleitenden Phantasiereise.

Nehmen Sie sich ausreichend Zeit, beschäftigen Sie sich solange mit dieser Vorstellung, bis sie Ihnen – in welcher Form auch immer, als Eindruck, als Bild, als Empfinden – wirklich präsent ist.

Wenn alles so wäre, wie Sie es sich wünschen: Wie sehen Sie aus, was haben Sie an, wo befinden Sie sich, was tun Sie dort, welche Menschen sind bei Ihnen, welche anderen Wesen? Untersuchen Sie die Vorstellung, die Sie sich gemacht haben, auf diese Frage hin. Sehen Sie es sich genau an!

Gibt es Situationen in Ihrem realen Leben, die dieser Idealvorstellung irgendwie ähneln?

Erinnern Sie sich nun daran, wie Sie sich und Ihr Dasein gewöhnlich betrachten: Wie sehen Sie in Ihren eigenen Augen aus, wie meinen Sie, sehen andere Sie? In welchen Situationen, mit welchen Menschen gehen Sie gewöhnlich um? Was tun Sie zumeist?

Nehmen Sie sich genügend Zeit, diese Vorstellungen an sich vorüberziehen zu lassen. Beurteilen Sie sich selbst dabei nicht, das ist nicht notwendig – es geht hier einfach nur um das, was Sie sehen, nicht wie Sie es sehen, oder warum.

Wenn Ihnen das nun wirklich präsent ist, machen Sie sich bewußt, daß Ihre »Idealvorstellung« von eben auf jener Vorstellung beruht, die Sie von sich und Ihrem Leben haben und als real betrachten – Ihr »Ideal« ruht auf dem Bild, das Sie von sich haben, wenn Sie aufgefordert werden, sich so zu sehen, wie Sie sind. Sehen Sie, daß Ihr Ideal und Ihre Realität beides Vorstellungen sind, die Sie sich selbst machen.

Dies wissend, beginnen Sie nun Ihre Realität als größtenteils auf Ihren eigenen Vorstellungen beruhend anzunehmen. Ihre Vorstellungen sind weder gut noch schlecht, sondern es sind lediglich die eigenen.

Nun, da Sie Ihre eigenen Vorstellungen als solche sehen, gehen Sie daran, sie dahingehend zu ändern, daß sie Ihnen ein wenig besser gefallen. Ist es möglich, diese oder jene Eigenschaft, dieses oder jenes Ereignis in einem anderen, günstigeren, angenehmeren Licht zu sehen? Wenn ja, dann machen Sie es!

Diese Übung – regelmäßig angewandt – ermöglicht es Ihnen, tatsächlich am eigenen Leib zu erfahren, wie sehr Sie selbst und jeder andere Mensch sich seine eigene Wirklichkeit erschafft und gibt Ihnen ein Werkzeug in die Hände, sich und andere positiver zu sehen.

2. WER DA?

Diese kleine Übung können Sie überall und jederzeit machen, sie hilft Ihnen dabei, weniger »Gedanken-Energie« zu verschwenden; diese Energie können Sie dann dazu verwenden, Ihr Leben mehr zu genießen . . .

Sowie Sie Lust zu dieser Übung verspüren, schauen Sie sich Ihre gegenwärtigen Gedanken genauer an. Mit wem sprechen Sie gerade? Macht es Sinn, im Kopf mit ihm/ihr zu sprechen?

Einfach, nicht wahr?

Je öfter Sie diese Übung machen, unter den verschiedensten Umständen und bei den unterschiedlichsten Gefühlslagen, desto mehr werden Sie sehen, daß Sie eine Menge Leute im Kopf haben. Dagegen ist nichts einzuwenden; Sie werden allerdings auch bemerken, daß Sie immer öfter diesen innerlichen Dialog mit Menschen, die eigentlich gar nicht da sind, unterlassen werden . . .

3. DAS GRENZENLOSE TOR

a. Die Pforte

Setzen Sie sich entspannt hin, im Schneidersitz oder auf einen Stuhl oder Sessel und schließen Sie die Augen – legen Sie sich nicht hin, Sie könnten sich so sehr entspannen, daß Sie einschlafen! Gönnen Sie sich ein paar Momente, um ruhig zu werden.

Legen Sie die Handflächen auf die Beine. Richten Sie die Aufmerksamkeit auf die Empfindungen zwischen Handflächen und Beinen. Was geschieht da, wenn Sie es nicht mehr beschreiben?

(In der Übung WER DA? haben Sie bereits gelernt, daß Sie nicht unbedingt mit den Menschen im Kopf reden müssen: Damit Sie etwas erleben, brauchen Sie es nicht zu beschreiben!

In der vorliegenden Übung beachten Sie einfach die gewohnten Kommentare und »Sprechblasen« in Ihrem Kopf nicht sonderlich – aber Sie verdrängen oder unterdrücken sie auch nicht. Wenn Sie bemerken, daß Sie wieder dabei sind, im Kopf sich oder anderen das Erleben zu erzählen, wenden Sie sich einfach mit Ihrer Aufmerksamkeit wieder der eigentlichen Empfindung zu.)

Nutzen Sie Ihre Aufmerksamkeit, wie Sie ein Zoom bei der Kamera benutzen würden oder wie ein Vergrößerungsglas, das heißt, gehen Sie so tief wie möglich auf Ihre faktischen Empfindungen ein – vielleicht fühlen Sie Schwere, Wärme, den Stoff. Egal, wie Sie Ihr Erleben beschreiben würden, wie sieht es genau aus?

Versuchen Sie nun, die Grenze zwischen Handfläche und Bein zu finden. Ist es möglich, genau zu fühlen, wo Hand aufhört und Bein beginnt, wenn

Sie es nicht beschreiben? Und selbst wenn, geht mit der Aussage: »Hier ist die Grenze!« eine dementsprechende Empfindung einher?

Wenn Sie meinen, eine Grenze gefunden zu haben, gehen Sie mit Ihrer ganzen Aufmerksamkeit dorthin, wo Sie vermeintlich ist. Was geschieht nun mit dieser Grenze?

Nachdem Sie die Grenze zwischen Hand und Bein womöglich nicht finden konnten, suchen Sie sie nun zwischen Füßen und Boden, beziehungsweise Socken/Schuhen. Sie wissen zwar – wie bei Händen und Beinen –, daß irgendwo Ihr Fuß aufhört, aber: Können Sie auch finden, wo genau?

Als nächstes: Wo ist die Grenze zwischen Ihrem Gesäß und der Sitzfläche?

Und nun: Können Sie irgendwo innerhalb Ihres Körpers eine Grenze finden, etwa zwischen Kopf und Rumpf oder Hand und Arm usw.? Wenn Sie meinen, eine gefunden zu haben: Schauen Sie genau hin!

Und nun: Können Sie überhaupt fühlen, wo Ihr Körper aufhört? Wo die Haut zu Ende ist und die Kleidung oder Luft beginnt?

Gönnen Sie sich Zeit für diese Erkundungen dessen, was Sie faktisch erleben.

b. Die Tür

Haben Sie die Pforte über einen gewissen Zeitraum hinweg ausgekundschaftet (Sie sollten sie wenigstens siebenmal geübt haben), sind Sie bereit für die erweiterte Übung der Tür.

Beginnen Sie wie bei der Pforte: Machen Sie es sich bequem. Nachdem Sie mit Aufmerksamkeit durch Ihren ganzen Körper gegangen sind und keine Grenze mehr vorfinden können – er ist ein unzertrennbares Ganzes –, versuchen Sie alsdann, ob Sie feststellen können, wo »Sie« aufhören und wo die »Umwelt« beginnt. Haben Sie selbst erlebt, daß auch diese Grenze nur in Ihrer Vorstellung existiert, so sind Sie bereit für den nächsten Schritt.

Hören Sie auf die Geräusche. Ja, es stimmt, die meisten Geräusche können Sie orten, Sie hören, aus welcher Richtung sie kommen. Wo aber beginnen sie und vor allem, wo hören Sie sie? In Ihrem Kopf? Das wäre eine Einschränkung! Öffnen Sie sich den Geräuschen so, wie Sie sich den körperlichen Empfindungen geöffnet haben, gehen Sie ohne Erklärung und/oder Beschreibung auf die Geräusche ein, lassen Sie sich »überall« von ihnen berühren.

Wenn Sie möchten und es mit ganz normalen Geräuschen ausgekostet haben – und bitte nicht eher –, hören Sie Musik, zunächst am besten Instrumentalmusik oder Musik in einer Sprache, die Sie nicht verstehen, da Worte anfangs ablenken können.

Wenn Sie Geräusche und Töne ausgekostet haben, können Sie sich der sichtbaren Welt öffnen. Es ist übrigens durchaus zulässig, den visuellen Teil zunächst einmal zu übergehen und eventuell später darauf zurückzukommen.

Erlauben Sie Ihren Augen, sich zu öffnen; nicht Sie machen die Augen auf, sondern Sie lassen sie ganz von alleine aufgehen. Wenn Sie das Ihnen Sichtbare nicht beschreiben, ihm keinen Namen geben, sich also vom Denken jeweils wieder ab- und dem Tatsächlichen zuwenden: Was geschieht? Gibt es eine Trennung zwischen Ihnen und dem, was Sie sehen? Falls Sie eine Trennung wahrnehmen, woraus besteht diese?

c. Das Tor

Wahrnehmen ohne Worte, ich nenne es reines Empfinden, läßt sich in jede gewünschte Richtung erweitern. Mit ihr eröffnet sich der Blick auf die Wirklichkeit »aus erster Hand«. Was sich Ihren Sinnen zeigt, was Ihre Sinne empfangen, berührt Sie unmittelbar. Das Tor besteht daraus zu lernen, sich zu diesem Berührtwerden unmittelbar zu verhalten.

Stellen Sie sich entspannt hin, Beine etwas auseinander, Arme und Hände hängen herab, lockern Sie die Knie etwas – als wollten Sie jeden Moment in die Hocke gehen können. Spüren Sie, ob Sie Grenzen empfinden. Wenn ja, erlauben Sie ihnen sich aufzulösen.
Sie werden nicht nur von Energien (Licht, Ton, Schwerkraft, Wärme usw.) berührt, die Sie empfinden können, sondern auch von solchen, die Sie (noch) nicht bewußt spüren. Ihr Körper ist jedoch mit diesen Energien verbunden und kann auch auf diese eingehen – selbst wenn Sie diese noch nicht spüren!
Erlauben Sie nun Ihrem Körper, sich zu bewegen, wann er und wie er will. Überlassen Sie sich der Weisheit Ihres Körpers, er weiß genau, wie man sich bewegt... Vielleicht heben sich als erstes Ihre Hände und Sie spüren etwas mit und/oder in ihnen, vielleicht macht Ihr Bein einen Schritt, vielleicht sinken Sie zu Boden, vielleicht kommen Töne aus Ihrem Mund... Gestatten Sie Ih-

rem Körper und/oder den Gliedmaßen, sich solange und so oft zu bewegen wie sie wollen.

Es ist mir bewußt, daß diese Übung leicht und schwierig zugleich ist. Leicht, wenn man erst einmal erfahren hat, daß sich der Körper tatsächlich von selbst bewegen kann. Schwer ist es, das auch anzunehmen. Sie werden aber merken, wenn es Ihnen Spaß macht, sich auf dieses Abenteuer einzulassen, daß es ganz wunderbar ist, es dem Körper zu erlauben, sich dem »Fluß« unsichtbarer Energie zu überlassen.

Um die Übung in Gang zu bringen, hilft es zuerst, den Händen und Armen zu erlauben, sich zu bewegen – vielleicht geben Sie Ihrer Hand auch einen kleinen Schubs und stellen sich vor, sie wäre so etwas wie ein Gasballon, der in der Luft schwebt . . .

4. BÄRENKRAFT

Diese Übung verbindet mit der Kraft von Erde, Himmel und Horizont. Ich habe keine richtige Erklärung dafür, wieso diese Übung so wirksam sein kann – ich habe jedoch Grund zur Vermutung, daß sie einen mit tatsächlich vorhandenen Kräften verbindet. Probieren Sie es einfach einmal und horchen Sie dabei auf Ihren Körper, gut möglich, daß Ihnen dann ganz eigene, auf Ihre besondere Lebenssituation zugeschnittene Varianten dieser Übung einfallen.

A. Stellen Sie sich entspannt hin, die Füße schulterbreit auseinander, die Knie ganz leicht gebeugt, nicht durchgedrückt, die Arme hängen entspannt an Ihrer Seite. Atmen Sie tief, aber ruhig und entspannt.

B. Erlauben Sie Ihren Armen und Händen, langsam bis auf Schulterhöhe hochzukommen, so als würde ansteigendes Wasser sie aufwärts treiben; die Arme sind nun leicht angewinkelt, also nicht durchgestreckt, und die Hände lassen Sie hängen – so als trieben sie auf Wasser.

C. Lassen Sie Ihren Kopf vorwärts sinken; Sie schauen auf den Boden und atmen weiter ruhig ein und aus. Erlauben Sie der Erdenkraft, in Sie einzuströmen – seien Sie ganz offen dafür; wenn Sie Lust dazu haben, stellen Sie sich vor, wie jene Kraft, die alle Lebewesen nährt und verwandelt, durch die Füße, Hände, Augen und Stirn in sie hineinfließt und immer mehr erfüllt.

D. Drehen Sie sich, in dieser Haltung, langsam im Kreis und spüren Sie, ob es eine Richtung gibt, die für Sie am stärksten ist, oder wo Sie spontan

– oder gedankenlos – stehen bleiben: Aus dieser Richtung fließt Ihnen heute die meiste Kraft zu. Bleiben Sie solange stehen, wie es Ihnen Spaß macht.

E. Nun strecken Sie Ihre Arme und Hände soweit wie möglich in die Richtung aus, in der Sie stehen. Verharren Sie einen Moment in dieser Spannung und atmen Sie ganz aus.

F. Während Sie den Atem wieder in die Lungen strömen lassen, »greifen« Sie die Kraft des Horizonts in dieser Richtung: Ballen Sie die Fäuste fest (nicht verkrampft) und ziehen Sie die Kraft an Ihre Brust; drücken Sie die Fäuste an die Brust und öffnen Sie die Fäuste, so daß Sie nun die Handinnenflächen an die Brust drücken. Spüren Sie die Kraft . . . Wiederholen Sie dies, sooft es Ihnen Spaß macht.

G. »Greifen« Sie nun die Kraft des Horizonts der übrigen drei Richtungen; machen Sie eine Vierteldrehung und führen Sie E. und F. durch.

H. Stellen Sie sich wieder in die heutige Richtung (siehe D.) und breiten Sie die Arme aus, als wollten Sie den Himmel umarmen, während Sie Ihren Kopf in den Nacken fallen lassen. Bleiben Sie so stehen und lassen Sie Ihren Atem geschehen. Öffnen Sie sich ganz der Kraft des Himmels – wenn Sie Lust dazu haben: Stellen Sie sich vor, Sie nähmen eine Dusche in kosmischer Energie, die wie ein sanfter Frühlingsregen auf Sie niedergeht und Ihr ganzes Wesen durch und durch erfrischt. Bleiben Sie solange stehen, bis Sie ganz davon erfüllt sind.

I. Kommen Sie in die Ausgangshaltung (Füße auf Schulterbreite, Hände entspannt an den Seiten, Kopf gerade) zurück. Schauen Sie, ob Ihnen eine Gebärde, Geste, Bewegung, Schritt usw. »vorschwebt«, ob es etwas gibt, was Ihr Körper nun »üben« will. (Vielleicht wollen Ihre Hände zu Ihrem Herzen hin, sich falten oder eine segnende Geste ausführen; vielleicht haben Sie Lust zu seufzen, lachen, singen oder weinen; vielleicht haben Sie Lust auf Gymnastik, Tanz oder Seilspringen; was es auch ist, machen Sie sich die Freude und geben Sie Ihrem Körper nach!)

Ich wünsche Ihnen viel Spaß bei den Übungen.

DANKSAGUNG

Dieses Buch wurde von vielen Menschen mitgeprägt.

Danksagen möchte ich vor allem dem Mann, dem ich das Buch in Dankbarkeit gewidmet habe, der mir Lehrer, Freund und vor allem Beispiel gewesen ist dafür, daß der Himmel, das Göttliche, das, was alle Beschreibung und Erklärung übersteigt, tatsächlich vorhanden und zugänglich ist – und der mich, als es nötig war, bei der Hand nahm: Michael Barnett.

Danksagen möchte ich meiner Mutter Gisela, für ihren grundsätzlichen Optimismus im Leben und meinem Vater Peter, für das Streben nach Wahrheit und eigener Autonomie.

Dank sage ich meiner Gefährtin Hilde für die Welt weiblicher Liebe und Kraft, die sie mir eröffnete; Mahima, die mir den Weg zur uneingeschränkten Liebe eröffnete, indem sie mein Herz brechen half; Sudhanidhi für ihr Vertrauen.

Ich danke Klaus und Doris für ihre Geduld; den Freunden an der MB Energy University und Varuni für ihre Gastfreundschaft; Peter Craemer für sein Vertrauen in meine Schreibkunst und die Illustrationen.

Dank gebührt schließlich auch Toshiba, die mir gratis einen Computer ausliehen.

Am meisten jedoch bin ich Ihnen, liebe Leserin und lieber Leser, verbunden, denn Sie haben nicht nur dieses Buch aus mir hervorgezaubert, sondern es auch mit viel Zuneigung gelesen, mein Dank dafür!

Wenn Sie mir schreiben möchten: Ich freue mich! Schicken Sie Ihre Post an den Verlag:

Pattloch Verlag
Lektorat
z. H. Jürgen Schilling
Steinerne Furt 70
8900 Augsburg 100